Chemische Fabrik Petunia G.m.b.H.
Grötzingen bei Karlsruhe (Baden)

u. Gestellung von Anlagen für Wasserversorgung u. Wasserbehandlung. Einleitung chemischer Judoperate
Apparate- und Werkzeugbau

	Fernruf: (0721) 72-25	Grötzinger Kreissparkasse Karlsruhe	Postfach: Karlsruhe 4035
	Postfach 54	Bürohaus	Postgirokonto Nr. 9

An das
Bürgermeisteramt

(14a) Berdingen
Krbg.

Ihre Nachricht vom: Unser Zeichen: Dr.A/Pz   Grötzingen (Baden), am: 28. Juli 1955

Freibad Berdingen

Sie werden ungefähr Mitte August ein Angebot für die Ausführung Ihres Freibades durch uns als Generalunternehmer erhalten. Diesem Angebot werden Angaben beigegeben sein, die sich auf die sogenannte "Auslagenerstattung" beziehen, unter denen besonders die zur Erfüllung von Aufträgen nötigen Preisen eine Rolle spielen.

Wir würden uns freuen, wenn Sie uns mit den angebotenen Arbeiten betrauen könnten, wobei Sie versichert sein mögen, daß wir in der Lage sind, Ihnen ein neuzeitliches, in jeder Beziehung musterhaftes Freibad zu erstellen.

Mit vorzüglicher Hochachtung!

Chemische Fabrik Petunia GmbH.

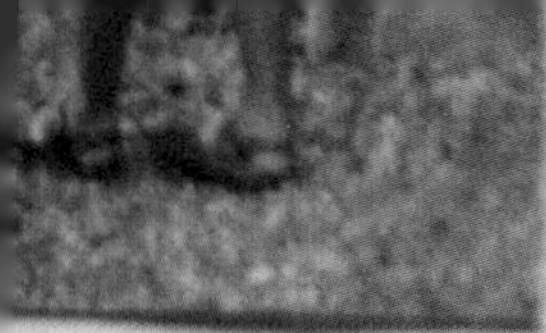

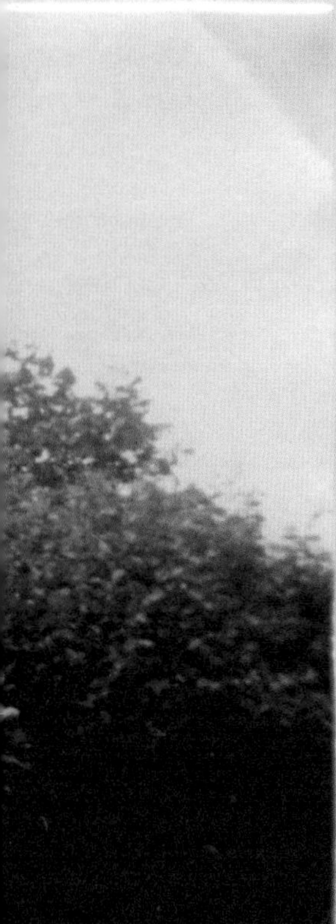

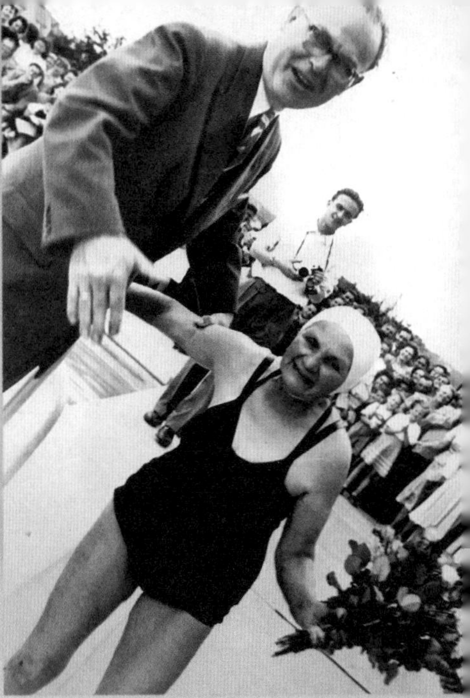

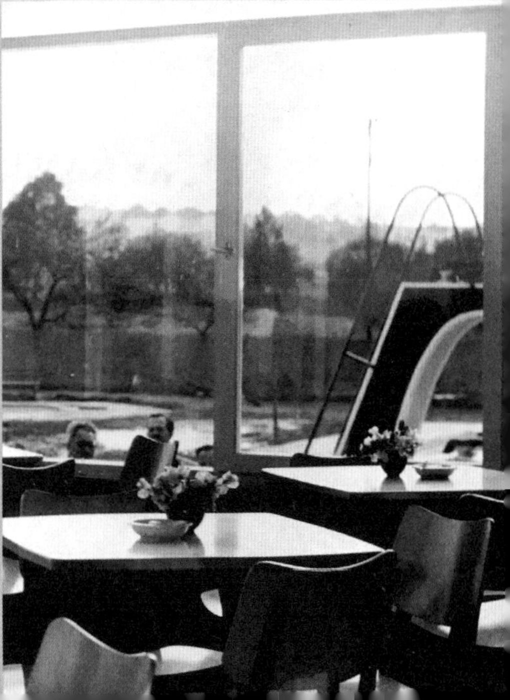

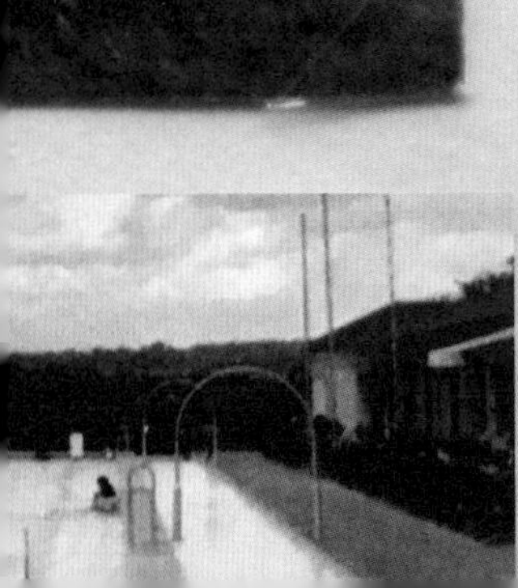

23.2.57

FREIBAD DERDINGEN

1964
SAISON-BADEKARTE
Nicht übertragbar!

Für _Udo Krempl_
   Vor- und Zuname

Preis DM _4.-_   Verz.-Nr _660_

Eigenhändige Unterschrift

DERDINGEN, den _2. Juni 1964_

BÜRGERMEISTERAMT

Thomas Rebel
Johannes Hucke

Die Saison-Badekarte

Schwimmbadgeschichten
aus Oberderdingen

Sommerbunte Beiträge
in Erinnerungen planschender Leute,
aus dem Becken gefischt von *Johannes Hucke*,
im Bild festgehalten von *Thomas Rebel*

Lindemanns

Von *Thomas Rebel*, Jahrgang 1959, Fotograf und Künstler, stammt die Idee zu dieser kontemporären Fotodokumentation in diesem Buch. Als einer der Pioniere der Computergrafik ist er seit den 1980er-Jahren Vorreiter in digitaler Bildbearbeitung. Neben vielfältiger Ausstellungstätigkeit, präsentierte er zuletzt sein großes Urban Art-Projekt „Dialog. Disput. Erneuerung" in seiner Heimatstadt Bretten. Er ist freischaffend für Agenturen und Unternehmen sowie für Presse und Verlage im Einsatz. Zahlreiche Publikationen und Fotobildbände.

Johannes Hucke, Jahrgang 1966, stammt aus Frankfurt am Main. In seinen Weinlesebüchern, darunter das „Kraichgau-Stromberg Weinlesebuch", und Krimis kommt Oberderdingen immer wieder vor. Jüngst erschienen sind der Roman „Der Schatten wird länger" und die Anthologie „Trink aus, wir bleiben!". Darüber hinaus veröffentlichte er u. a. Lyrikbände, Kinderbücher sowie über 40 Theaterstücke und Musicals. Schreibt für Zeitungen und Zeitschriften. Kooperationen mit NDR, HR und SWR. Für diesen Band versucht er sich als Änderungsschneider: Ihm dargereichte Erinnerungen an ein altes Freibad hat er fleißig umgearbeitet und literarische Schwimmabzeichen draufgenäht.

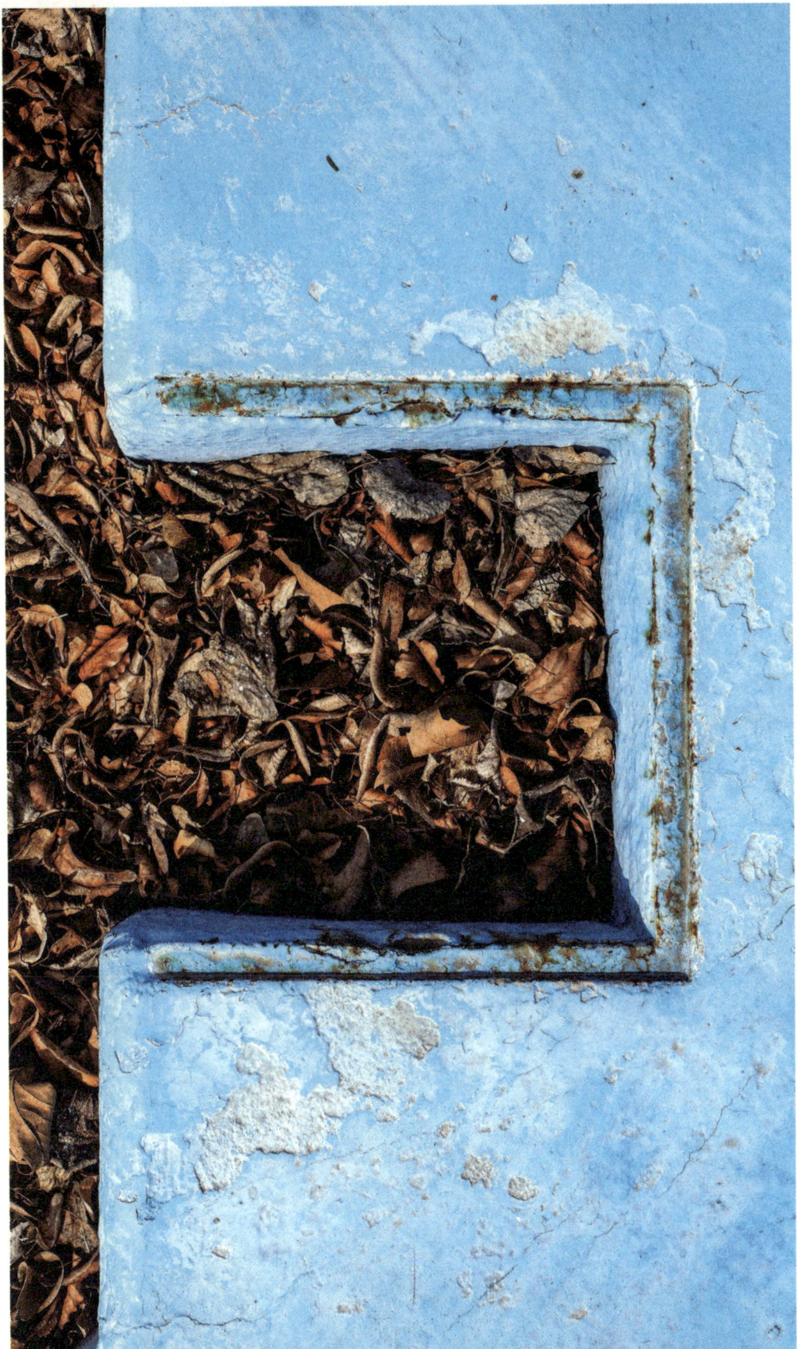

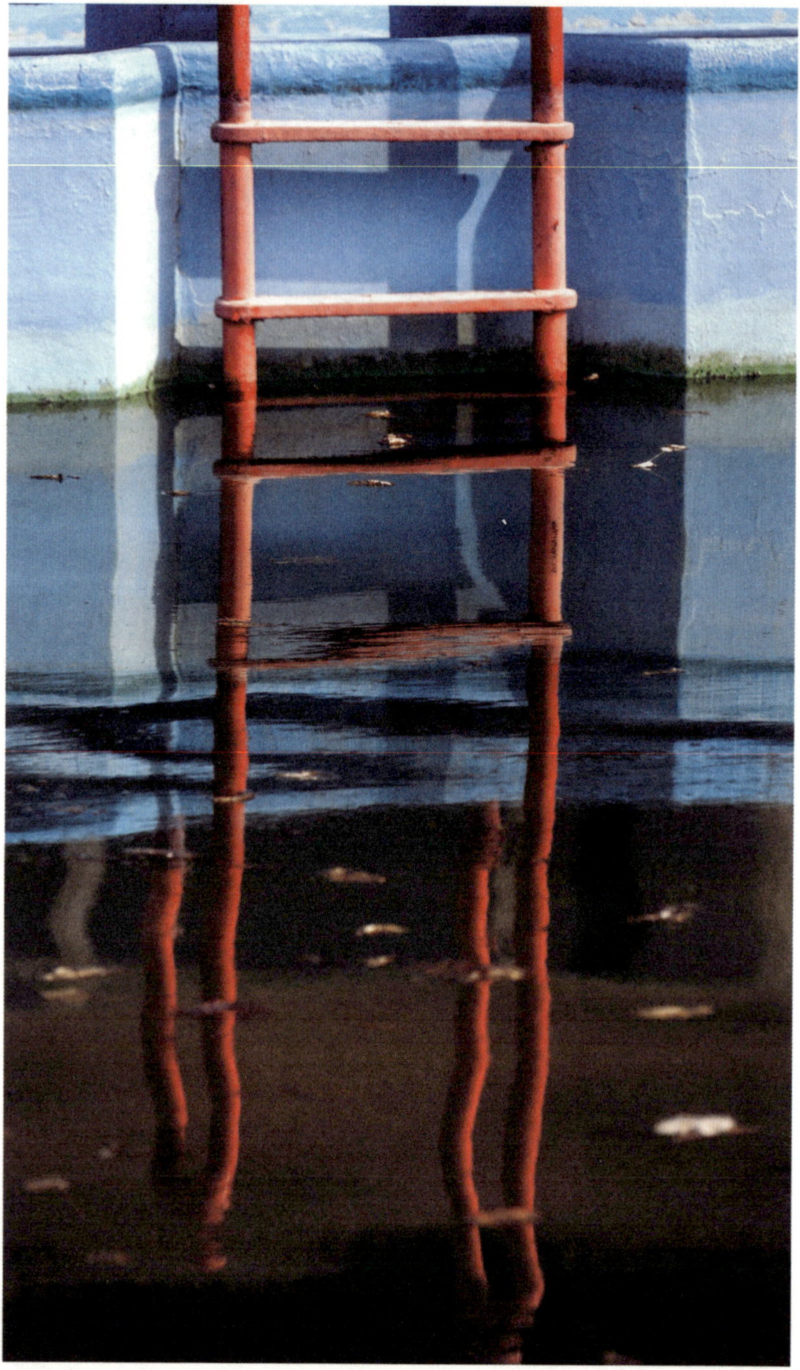

Inhalt

Johannes Hucke
Die heißen Sommer am Becken 19

Herbert Arlt
Kraulen ist Rock'n'Roll 33

Harald Pflüger
Nach Feierabend 39

Helga Riedling
Der verschwundene Doktor............................... 45

Christa Hoffmann
Wie im Paradies 49

Carmen Bihn
Heiße Zeit... 55

Wanda und Josef Krempl
Auf der Lieblingsrentnerbank 61

Anita Kicherer
Come together ... right now!.............................. 67

Werner Bühler
Die Flucht vom Acker 73

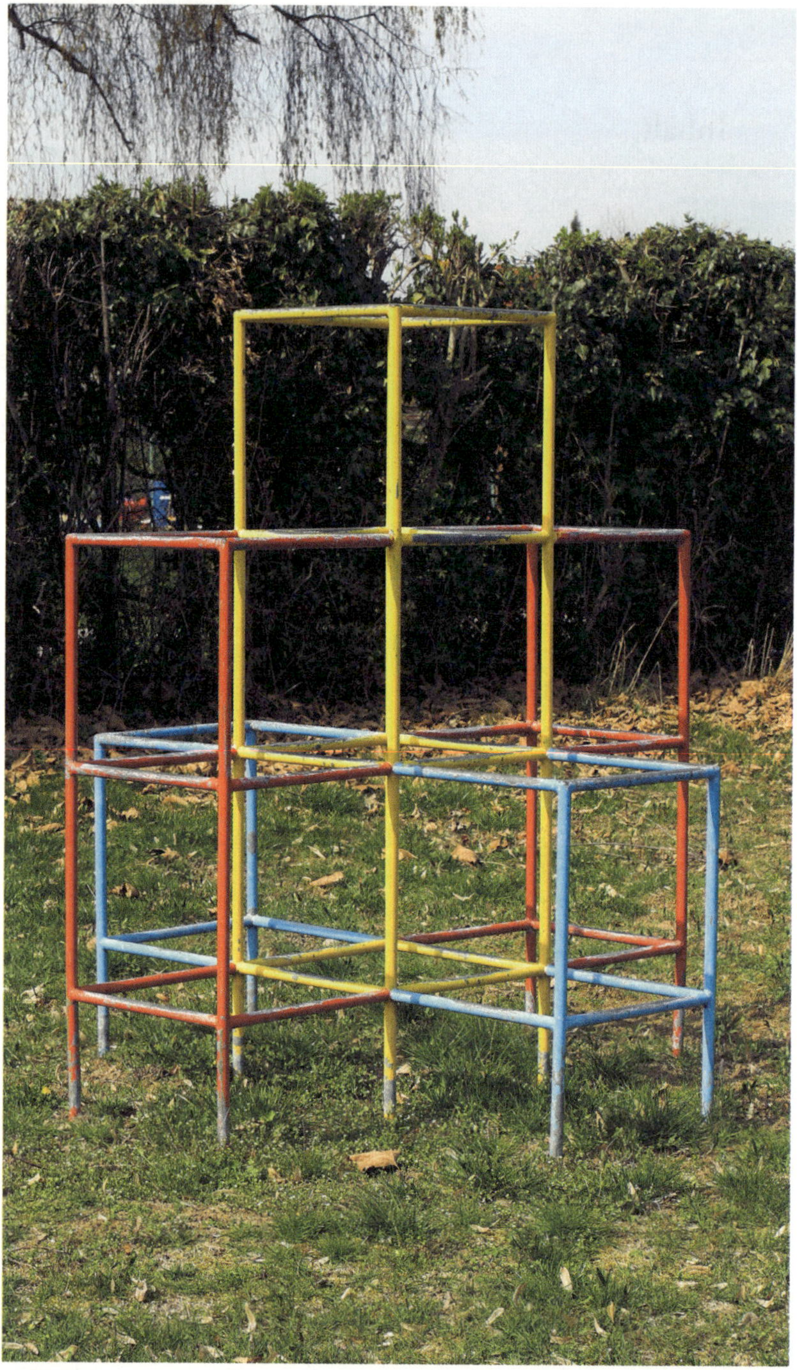

Wolfgang Glöckler
Immer eine kleine Sensation............................79

Ursula Friedrich
Mein wunderbarer Wurstsalat..........................85

Ingrid Glöckler-Friedrich
Wenn es regnet, geh ich auch 91

Maria und Rudi Heim
Vom Sprungturm...97

Christel Klein
In der Gesellschaft der Sonne......................... 103

Thomas Nowitzki
Eher Bader als Schwimmer............................. 109

Alfred Woll
Der verlorene Ehering 113

Aus den Festansprachen 121
zum Fünfzigsten

Aus den Akten: Der korrekte Bademeister....... 131
abgestaubt von Johannes Hucke

Zeittafel 1956–2020.. 137

Impressum 144

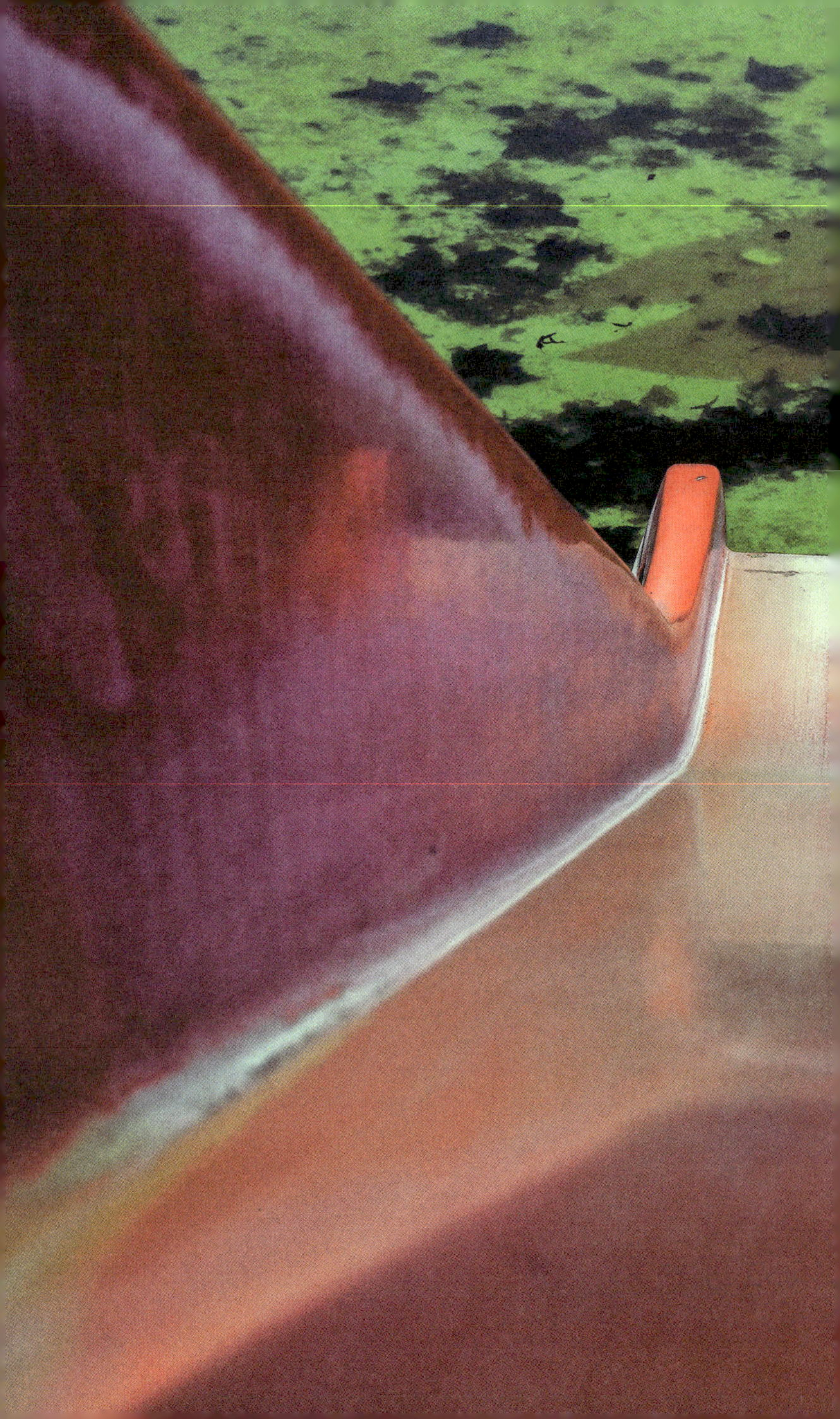

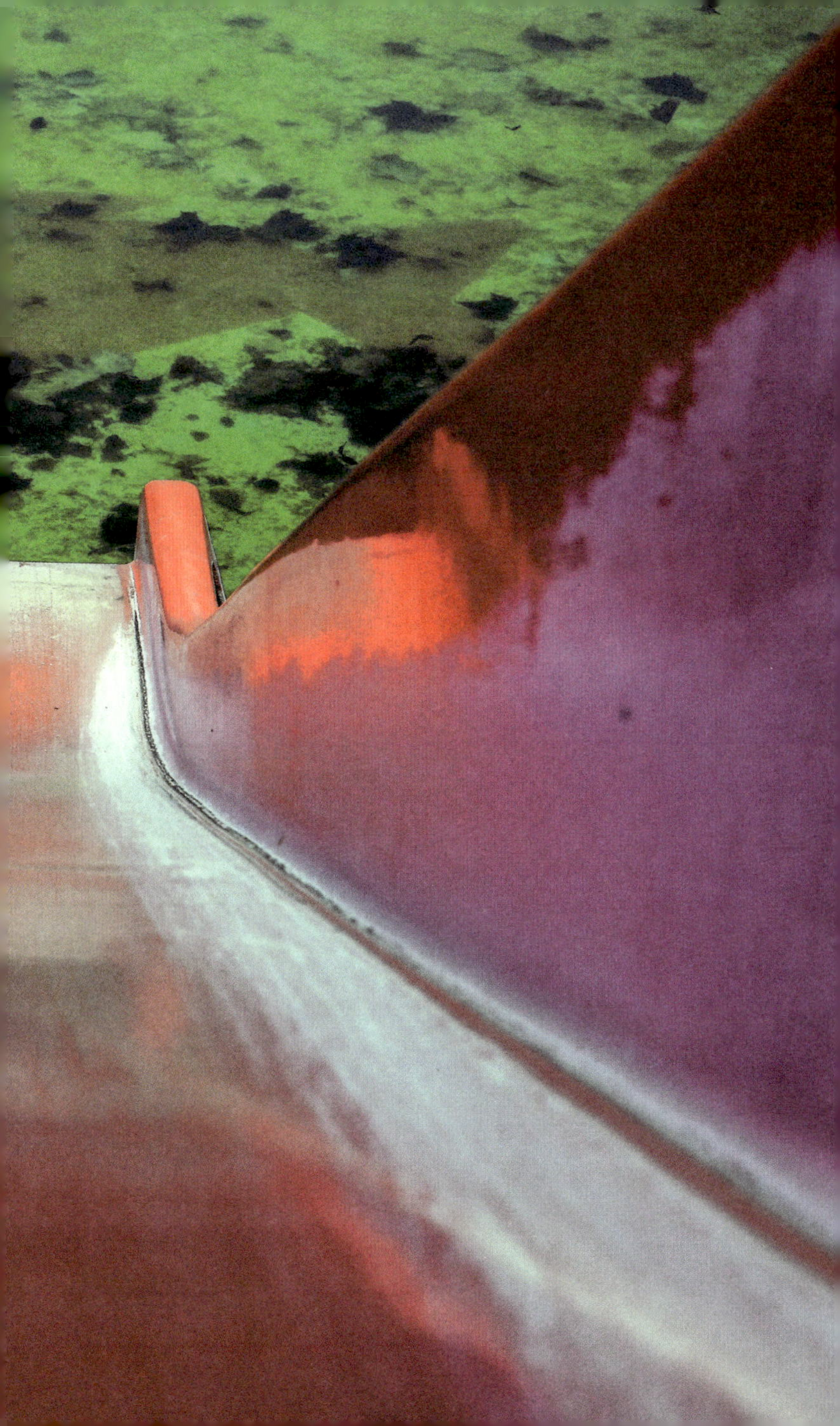

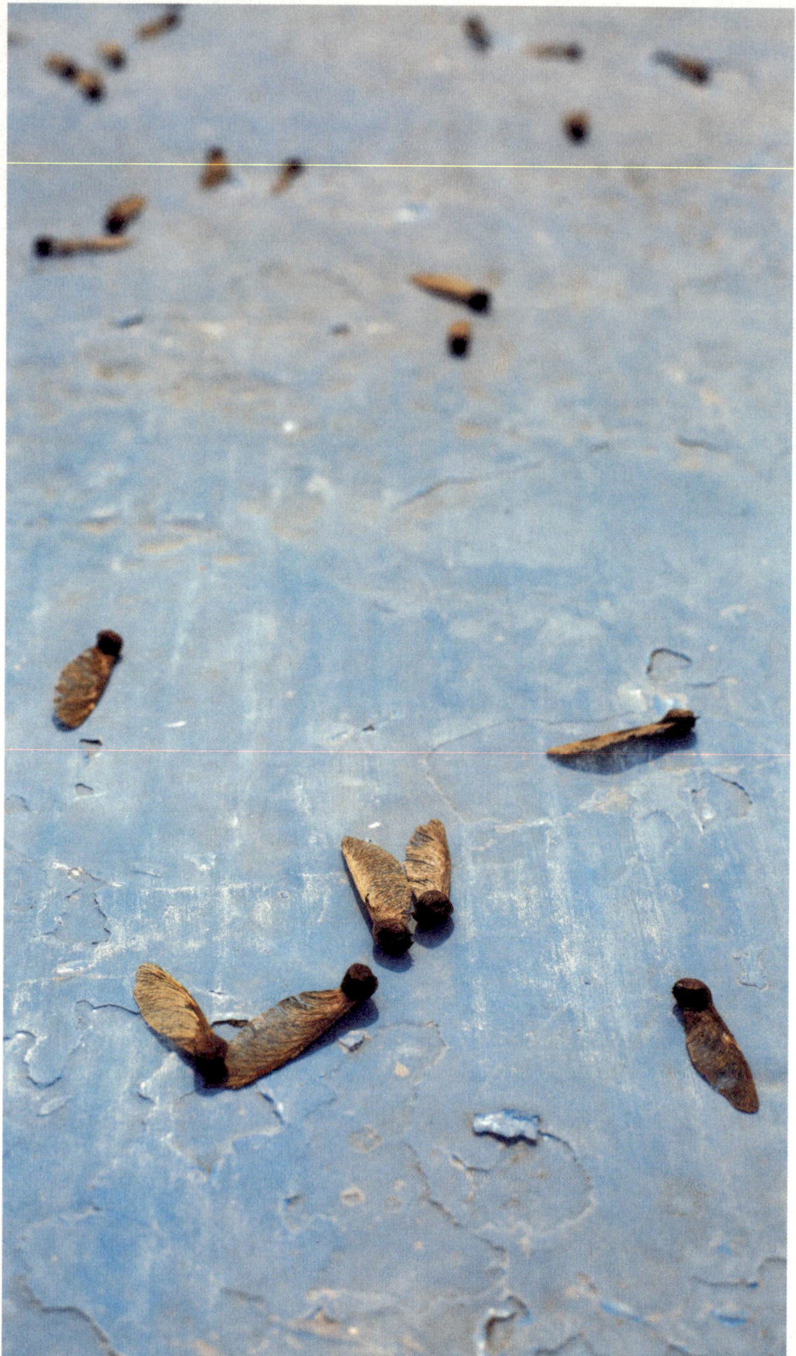

Schwimmen ist Fliegen für Schwere.
SEBASTIAN RABSAHL

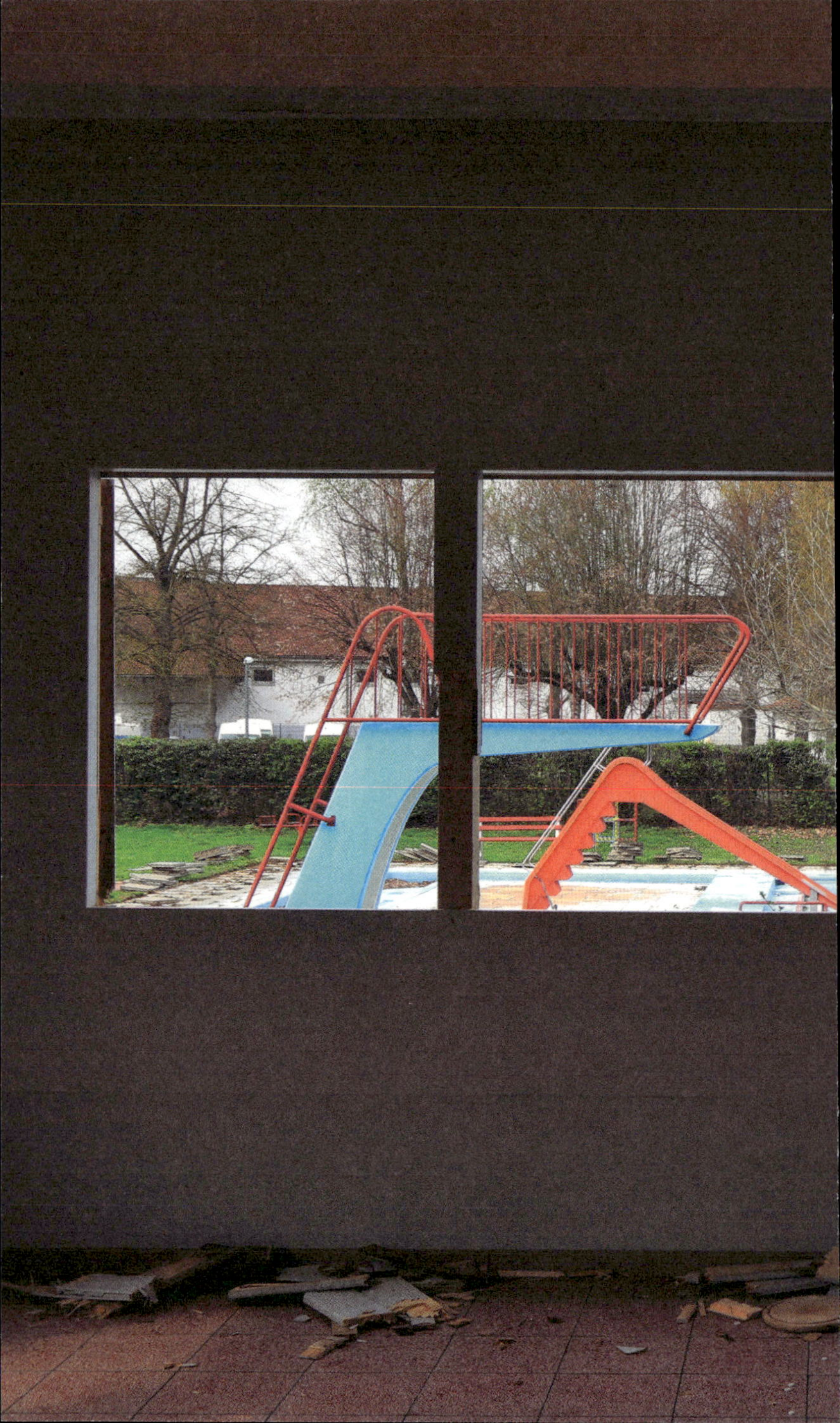

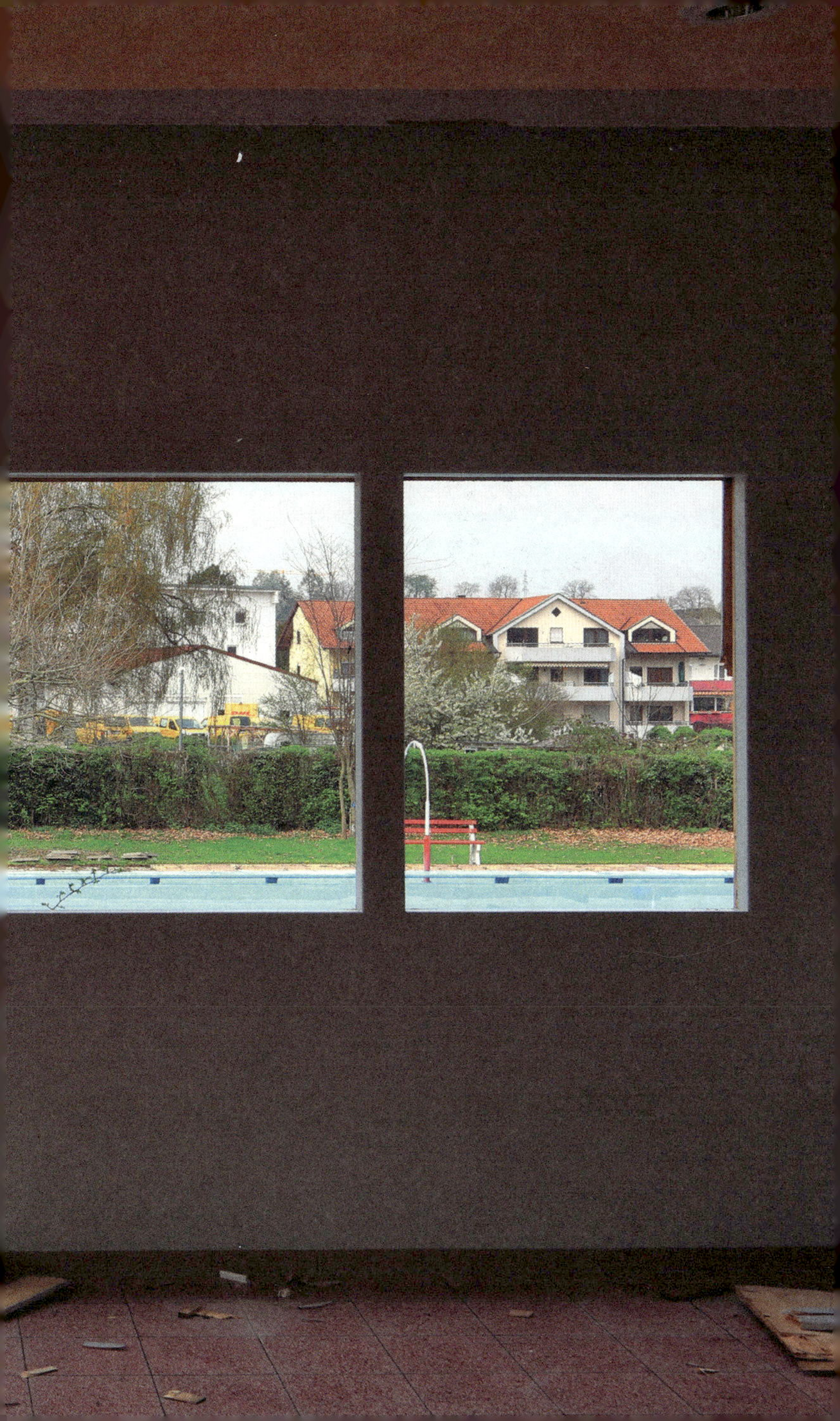

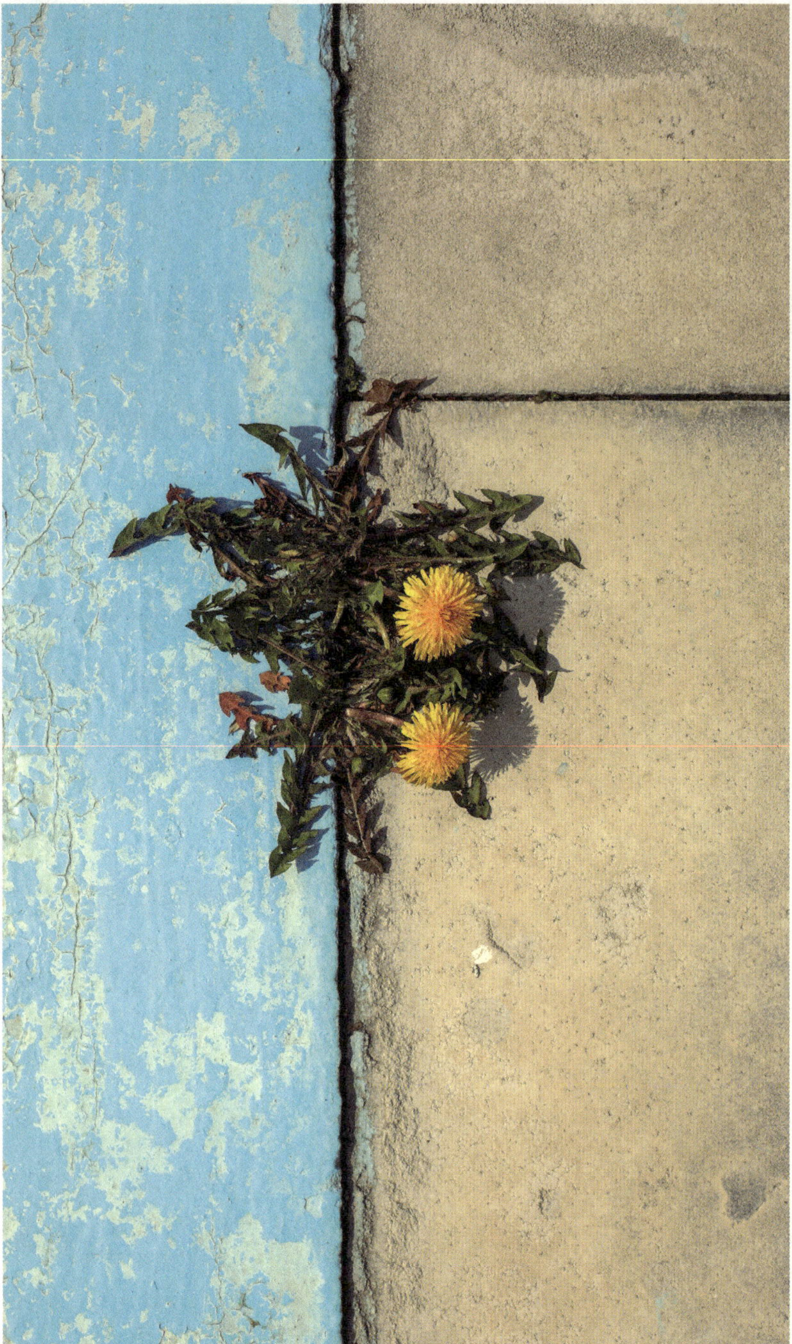

Johannes Hucke
Die heißen Sommer am Becken

Unter den Gerüchen der Kindheit sticht einer in jeder Hinsicht hervor. Zugegeben, neben frischgemähter Sommerwiese, ausgeblasenen Weihnachtskerzen und ofenwarmem Geburtstagskuchen nimmt sich „Chlor" recht antiseptisch aus; doch was hat sich in der Erinnerung am stärksten festgesetzt?

Die Einschulung vermutlich; die Klassenfahrt, als dir Hans-Dieter einen Apfelbutzen an den Kopf geworfen hat; die Reiterferien; die erste Fünf in Mathe. Dann aber kommen schon: Schwimmenlernen, Freibadbesuch im heißen Juli, Angst vor der Eiseskälte beim Eintauchen ins blaue Becken, gleich aber jubelnde Freude, wenn man es endlich geschafft hat und hektisch kraulend durch die selbsterzeugten Wellen kurvt. Das Quieken beim Nachlaufspiel zwischen Picknickdecken, gefolgt vom Gemecker der Älteren; der Wespenstich beim Eis-Holen und die kühlende Limo am Kiosk; der erste Sprung vom Dreimeterbrett und der vergebliche Versuch, durch Dehnübungen Aufmerksamkeit zu erregen ..., denn der jeweils ersehnte Mensch guckt sowieso in die andere Richtung.

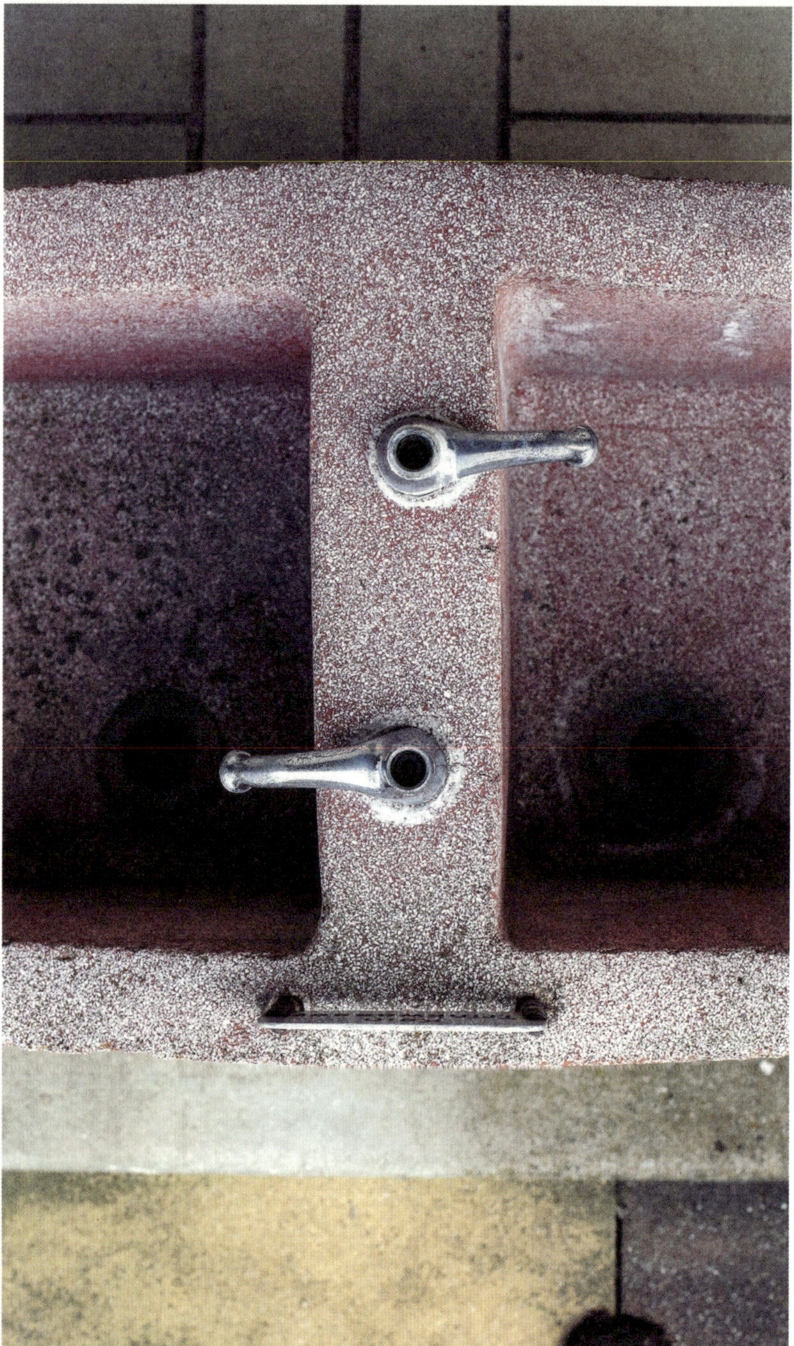

Gemeint ist hier nicht irgendein Hallen- oder Freibad. Das Gedächtnis rückt stets ein ganz bestimmtes als Urbild in den Fokus. Für die Leute, die in diesem Büchlein abgebildet sind und von einst erzählen, ist das ganz ohne Frage das Schwimmbad, offiziell Freibad Oberderdingen. Freizeit, Sport, Gesundheitsübungen, Sommerspaß und Jugendglück sind seit Jahrzehnten hier angesiedelt. Eigentlich sah es kaum anders aus als alle anderen, die im Sinne der Leibesertüchtigung und Hygiene teilweise schon vor dem Krieg gebaut worden sind: Eingang – Umkleide – Liegewiese – Becken. Ein Kiosk natürlich. Und die charakteristischen Säulchen unterm Vordach gab es so oder so ähnlich auch fast überall ...

Aber überall ist nicht Oberderdingen, und die Freude hallt in den Berichten nach, als die Leute endlich ihr eigenes Freibad hatten. Flehingen und auch Sternenfels besitzen ältere Bäder, und viele, die ohne zu zögern das neugeschaffene besiedelten, hatten bei den Nachbarn gelernt. Jedoch wird meist vermerkt, das seien doch nur „rechtwinklige Becken" gewesen, wohingegen das Oberderdinger viel moderner gewesen sei und sogar eine eigene „Cafeteria" besessen habe!

Seit der Gemeindezusammenlegung 1973 verfügt man mit dem Freibad und dem NaturErlebnisBad Flehingen sogar über zwei Bäder – wo gäbe es das

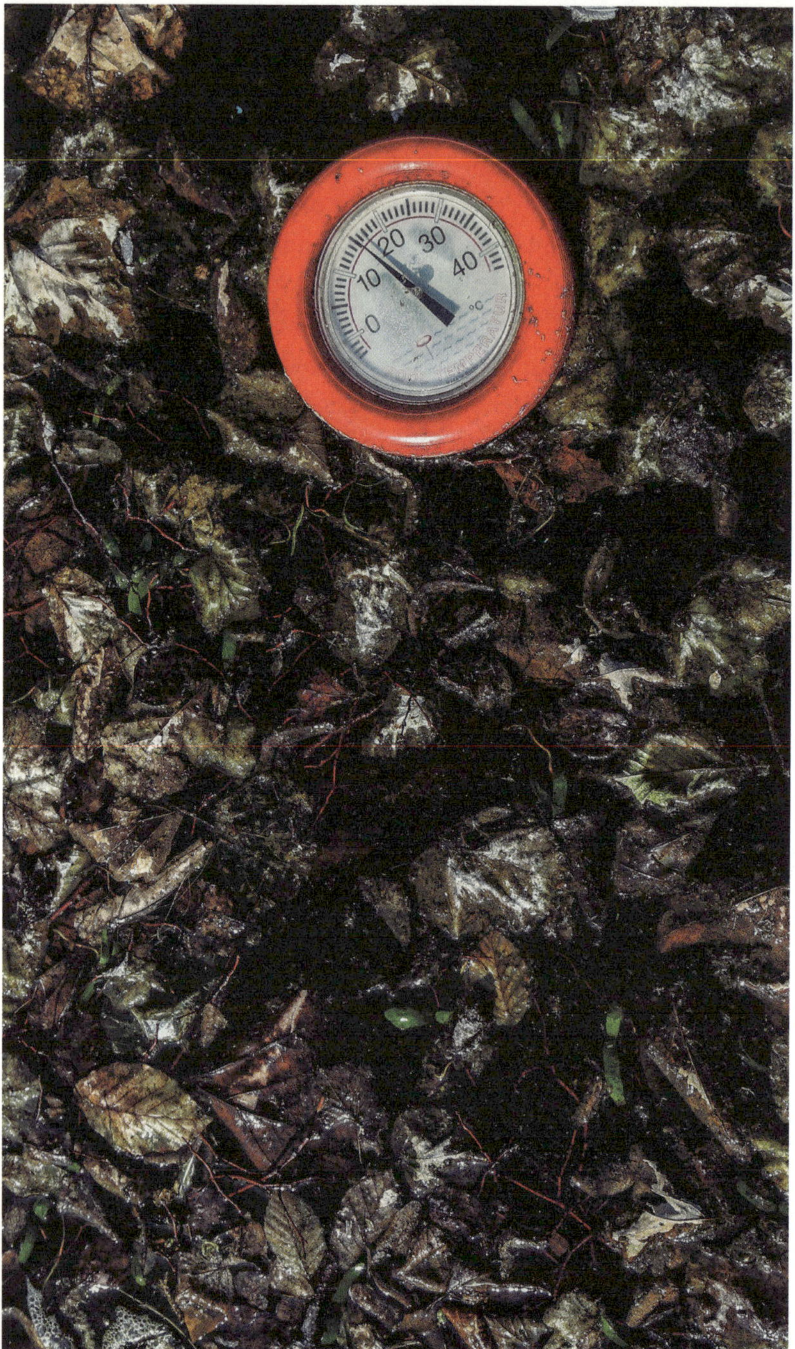
0
10
20
30
40
°C

denn bitte sonst in Baden-Württemberg, bei vergleichbarer Einwohnerzahl?

Dass derlei ohne die lokale Industrie und eine engagierte Kommunalpolitik nicht möglich wäre, ist den meisten bewusst. Wer sich im Land ein wenig umschaut, weiß eher das Gegenteil zu vermelden: Schwimmbäder schließen allenthalben, Renovierungsmaßnahmen stocken. Und: Diese urwüchsige Begeisterung, mit der frühere Generationen in die Bäder gehüpft sind, hat sich ein wenig verloren. Die Gründe sind schnell genannt: Dutzende anderweitige Möglichkeiten, sich zu amüsieren; Verlagerung der Freizeitinteressen ins Elektronische, Virtuelle; sowie: „die Verwöhnung!" Sprang man seinerzeit auch bei 16 Grad Außen- und 15 Grad Wassertemperatur noch ins frische Nass, verlangt der Zeitgenosse mal mindestens 10 Grad mehr.

Auch das zeigen die versammelten Rückblicke deutlich: kulturelle, gesellschaftliche Veränderungen machen auch vor den unangefochtenen von einst nicht Halt. Wer wurde denn früher mit einem Auto zum Schwimmen gefahren? So gut wie niemand. Traditionell wird ein Freibad zu Fuß oder mit dem Fahrrad erreicht – das hatte mindestens zwei Generationen lang Geltung. Zwar war der Kiosk stets gut frequentiert; das heißt aber nicht, dass es täglich ein Eis oder gar Pommes gegeben hätte. Zudem wartete

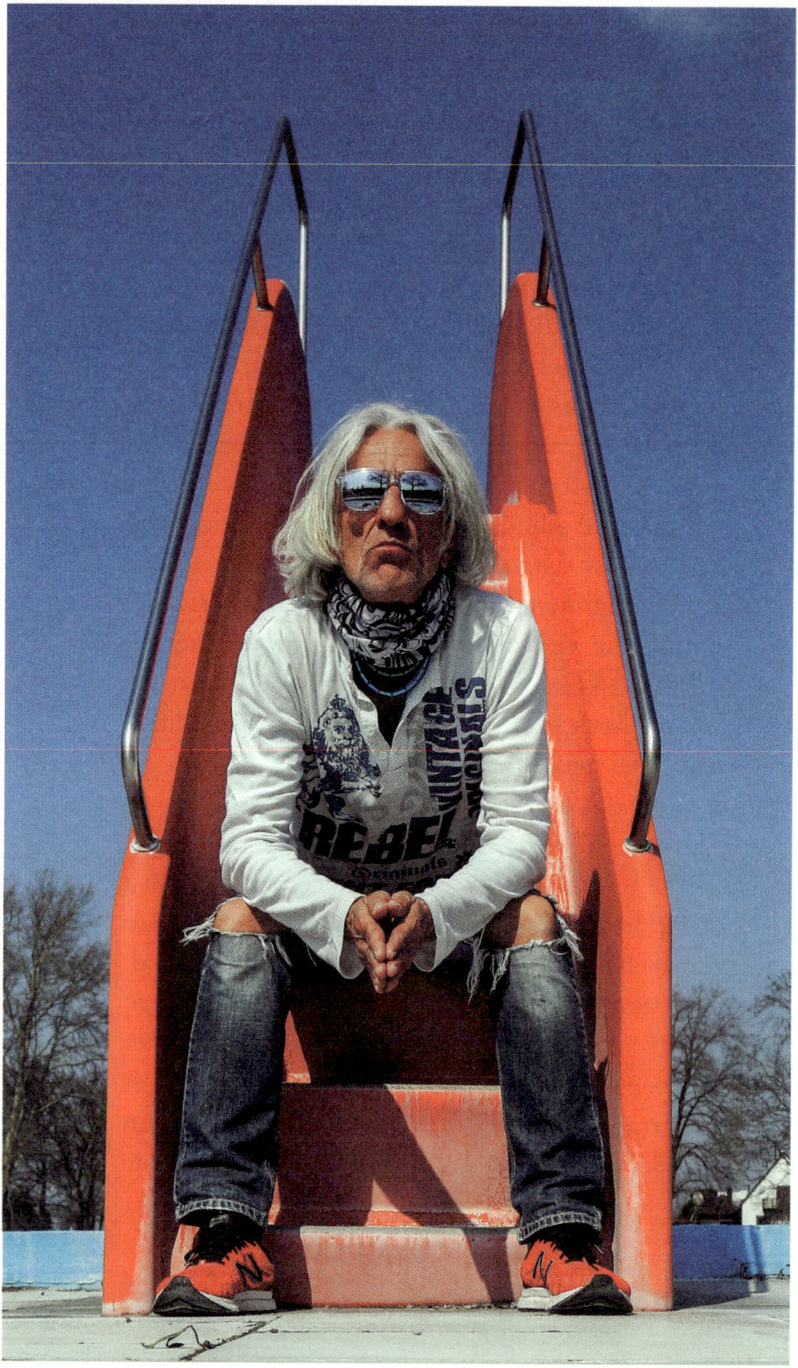
REBEL

da für viele junge Schwimmerinnen und Schwimmer eine gefährlicher Neider und Zeitdieb: die hauseigene Landwirtschaft. „Erst die Arbeit, dann das Vergnügen" war seinerzeit keine leere Phrase; man hielt darauf. Und zwar mit Nachdruck ...

Alle diese Erinnerungen wären vermutlich verlorengegangen oder in der Schublade versunken, hätte nicht Fotograf Thomas Rebel (links) die Idee gehabt, einige der Protagonisten von einst vor die Linse zu locken. Gemeinsam mit Bürgermeister Thomas Nowitzki und Verleger Thomas Lindemann wurde die Buchidee geboren.

Die Fotos zeigen die Leute ohne unnötige Deko an altvertrauter Stätte: in *ihrem* Schwimmbad. Die Bildsprache erinnert manchmal ein bisschen an Hopper, hat eine leicht surreale Stimmung: weil das Gewohnte, die quirlige Badegesellschaft, das muntere Treiben fehlt. Es ist ein kleines Bilderbuch geworden, in dem man auch dann gerne herumblättert, wenn man die Abgebildeten gar nicht kennt. Porträts, von einem Ortskundigen geschaffen, dessen künstlerischer Horizont zeitlebens nicht hinterm nächsten Kraichgauer Hügel endet. Spontan regen diese Menschen-Bilder zum Erinnern und Erzählen an: teils wiederholen sich die eingesammelten Geschichten von gestern und vorgestern, doch es geraten immer wieder neue Aspekte und Blickwinkel mit hinein.

Johannes Hucke hat Interviews und Anekdoten in atmosphärisch dichte Porträts von Zeit und Zeitzeugen übersetzt: sommerliche Capriccios, Skizzen, Kurzgeschichtchen, Einakter, wie gemacht zum Fortschreiben, wenn das nächste Jubiläum ansteht.

Zum Schluss werden die Ehrenamtlichen gewürdigt, die sich zum renommierten „Kreis der Freibadfreunde" zusammengeschlossen haben. An originellen Ideen mangelt es diesen Leuten wahrlich nicht! So bleibt die erfrischende Aussicht auf ein nagelneues Schwimmbad, das den Charme des Alten bewahrt, aber an komfortablen Novitäten nicht spart. Übrigens, es trägt jetzt sogar einen Namen: „FilpleBad", eine Anspielung auf den Spitznamen der Oberderdinger, wo die Philippe einst überproportional vertreten waren. Befragt man die Treuesten, kommt zwar ein wenig Wehmut auf, insgesamt jedoch herrscht im Vorfeld eine Stimmung, die an eine Schulklasse vor der Fahrt ins Landheim erinnert. Erwartungsfreude ist also gar kein Ausdruck. Umso mehr, da die Bauarbeiten in eine Phase fielen, die als eine der schwierigsten unserer Geschichte in Erinnerung bleiben wird. Und eine weitere Besonderheit soll nicht verschwiegen werden, eine gute Nachricht vor allem für diejenigen, die mit dem alten Schwimmbad älter geworden sind: Man hat tatsächlich an eine Heizung gedacht. Das Wasser ist nicht mehr so eisig.

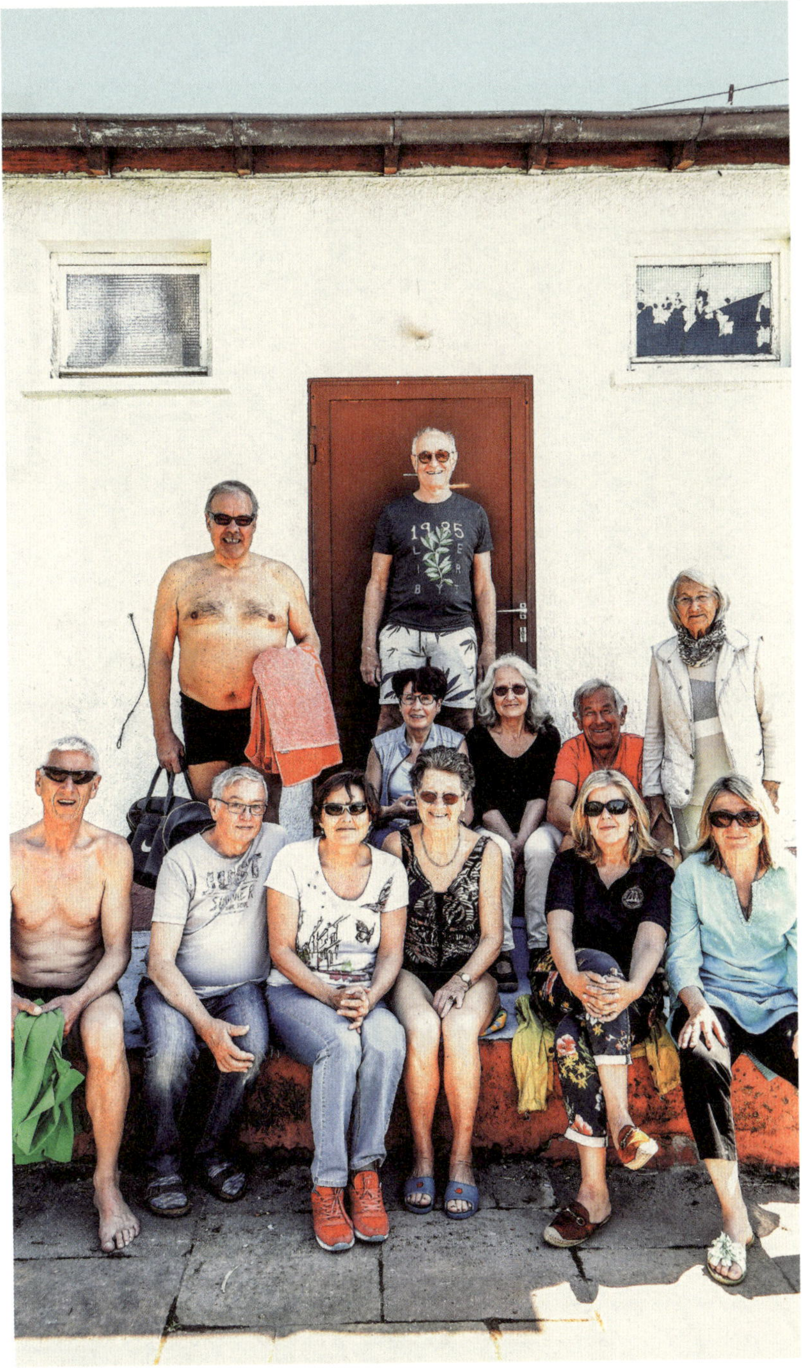

Bitte Jahreskarten vorzeigen

Rauchen & Dampfen
ist auf dem gesamten Gelände
verboten
No smoking

Knaben.

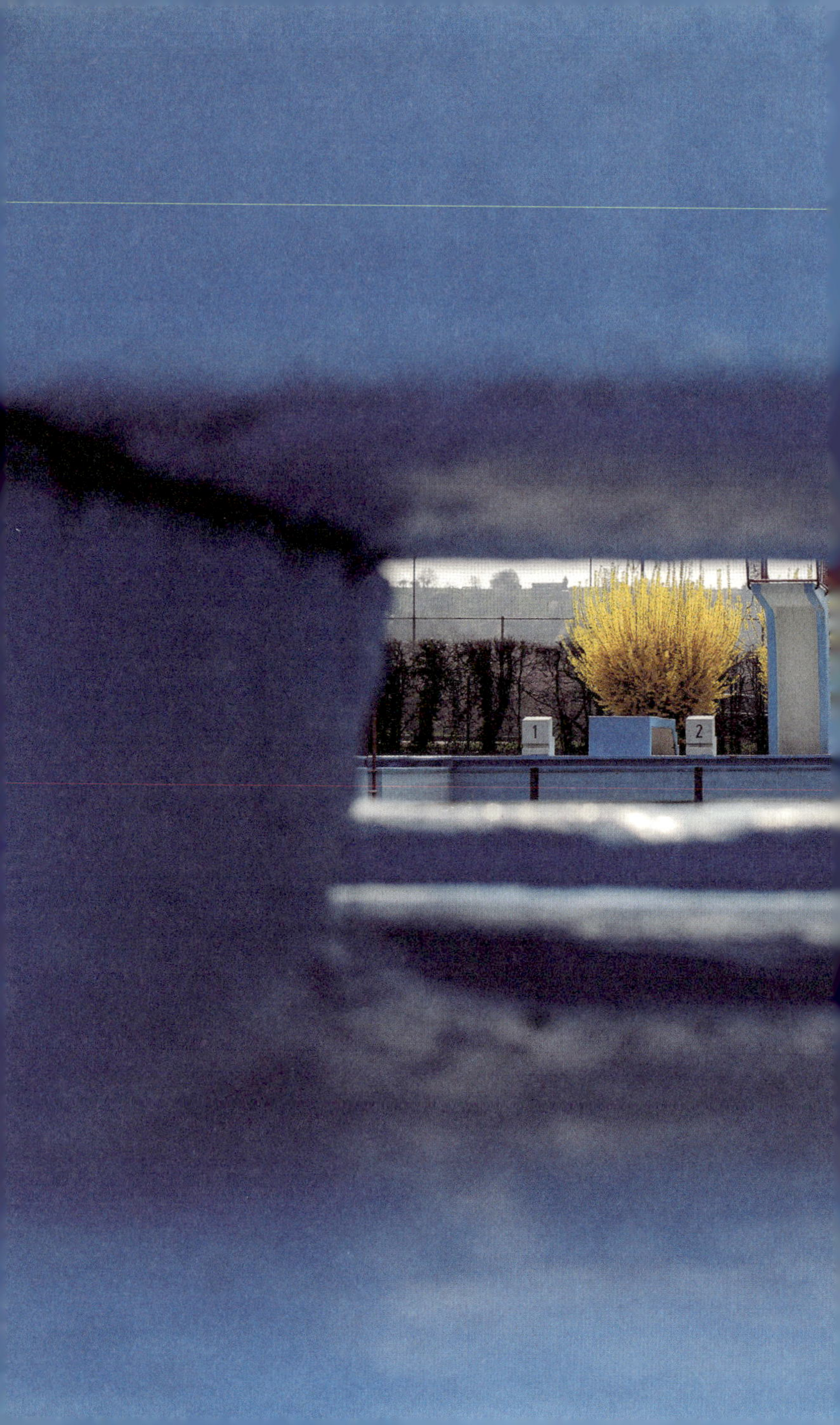
1
2

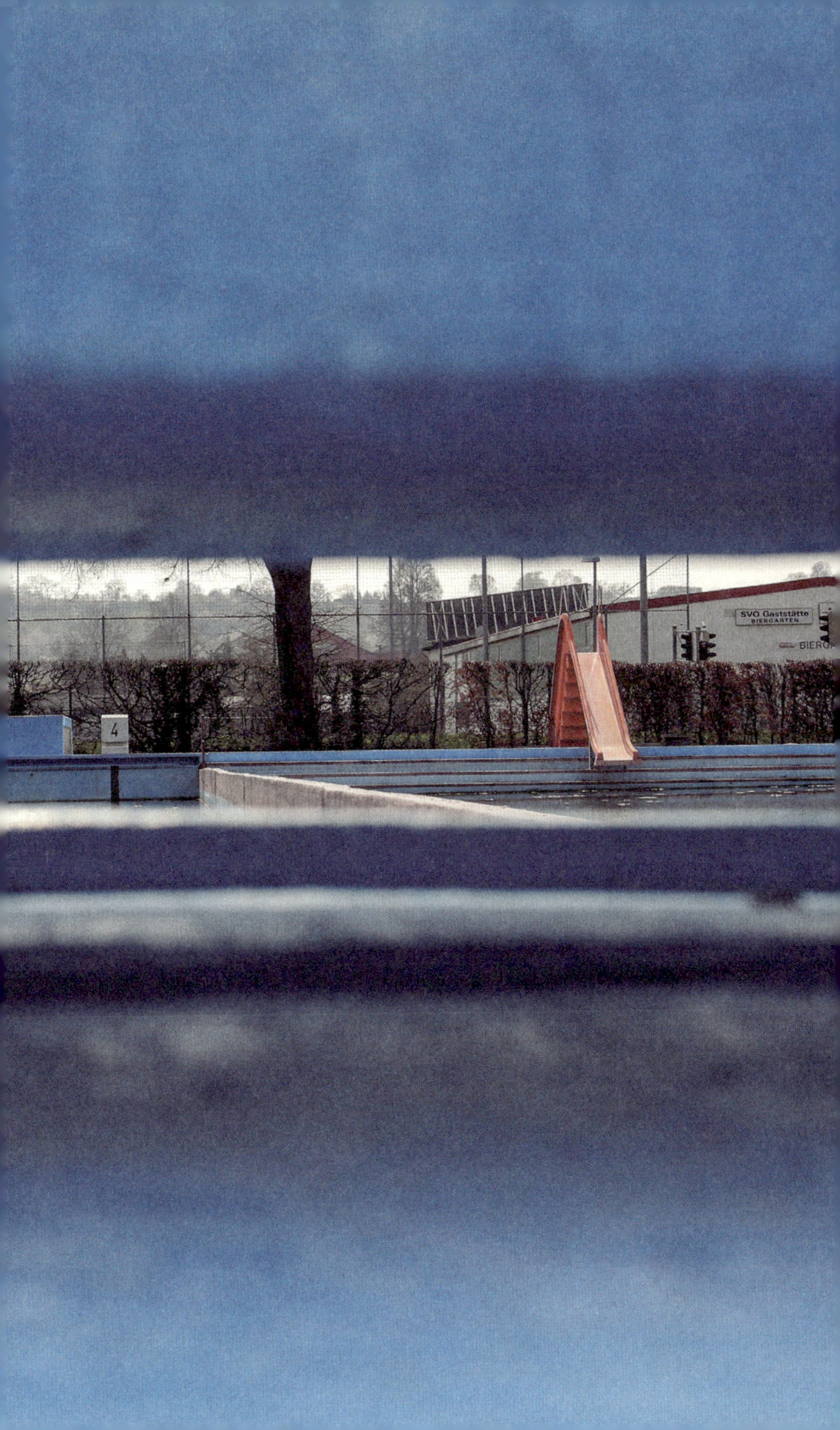
SVO Gaststätte
BIERGARTEN
4

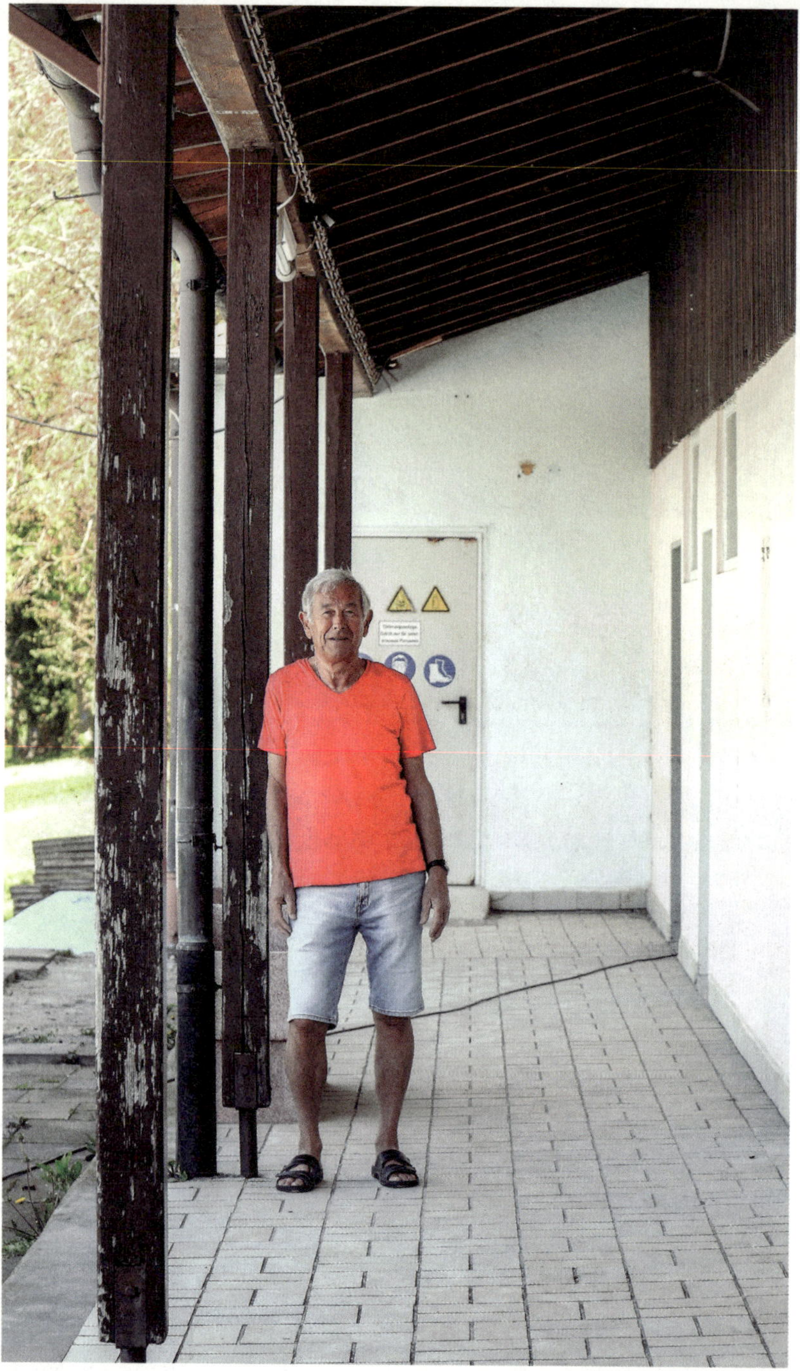

Herbert Arlt
Kraulen ist Rock'n'Roll

Kraulen ist Rock'n'Roll, Rückenschwimmen Jive. Und Brustschwimmen? Langsamer Walzer. Oder eng getanzter Blues. Sehr eng. Hauptsache, man bewegt sich: zwei – drei – Schritt und Tapp.

Es ist Anfang August, noch lang genug Ferien. Jetzt erst mal rüber ins Schwimmbad. Da liegen sie schon: die Mädchen! Eine halbe Million Mädchen, alle mit Pferdeschwanz. Ganze Schulklassen, über die Wiese verteilt. Uns kann keiner. Wir sind laut. Manch einem zu laut. Nehmen wir Rücksicht? Später. Manchmal. Morgen früh vielleicht, nach dem Gottesdienst. Jetzt nicht. Jetzt rasen wir hintereinander her, um die Wagenburgen der Spießer rum, spielen Fußball wie die Bekloppten, hinter den Büschen, schwitzen wie die Affen, kühlen uns ab unter der Dusche und dann mit Kopfsprung ins Schwimmbecken. Hochgenuss! Und stoßen „Urlaute" aus, wie sie sagen. „Krieg mich doch!" „Hab dich!" Und wir singen: „Heut ist ein wunderschöner Tag ..."

Ich komme aus Thüringen, Gotha, werd' bald 18. Eine Schallplatte habe ich mir da gekauft: drüben! Gegen die Vorschriften. Bill Haley, echte Unkultur:

Rock around the clock tonight. Das haben wir laufen lassen, in der Mittagspause im Betriebsfunk, 1.000 Leute sangen und tanzten mit – es bedeutete fast die Entlassung. Aber jetzt ist jetzt, und jetzt bin ich hier. Ihr kennt mich noch nicht? Ihr sollt mich kennenlernen. Tanzen kann ich. Als Musiker? So lala. Aber texten kann ich! Denn Texte braucht jeder; was soll man sonst singen? Yeah, yeah, yeah! Und: Uh-lala. Klar, zwischendurch. Aber insgesamt muss es schon um Liebe gehen: „Leben, lieben, lachen!" Fehlt noch was? Mir fiele nix ein. 20 Jahre später beginnt das wirklich, die Karriere als Liedertexter ...

Aber Achtung, jetzt ab ins Becken! Mit einer Art Karate-Sprung. Vielleicht krieg ich sie noch, die Blonde aus der Elften. Die kann Delfin. Sie ist ein Delfin! Mist – knapp entwischt. Zu diesem Harry, der schon ein Motorrad hat. Aber da schwimmt ja noch die Brünette. Die hol' ich mir. Mann, ob das Absicht ist, dass sie so langsam schwimmt? Bestimmt ist es Absicht. Erst ein einziges Mal mit ihr getanzt, vor 'ner Woche. Zu einem Peter-Kraus-Song. Nein: Was von den Flippers, die immer samstags auftreten, in Knittlingen, Eppingen, Ispringen. Oder hier. Jetzt hab ich sie.

„Du, ich will dich lachen sehn!"

Einst hab' ich es anders gekannt. Ich habe gepflügt auf den Feldern in Thüringen. Mit Pferden. Noch sehr viel weiter im Osten bin ich geboren. Aus Bessarabien stammen meine Eltern – kennt man das noch? Macht nichts. Deswegen bin ich ja zu Euch gewandert, weite Wege. Oh yeah! Ich bin dankbar: diesem Leben, dieser Landschaft, Euch. Und ich bin dankbar, dass ich tatsächlich etwas zurückgeben konnte: meine Texte. Sie kommen zu mir wie dem Himmel die Wolken einfallen. „Suche nichts und finde alles ..."

„Vom Bauernjungen zum Musikantenkaiser" hat man mal über mich geschrieben. Kaiser, ach was! Auf der Wiese fühl ich mich wohler als auf dem Staatsparkett. Bei den Freunden im Schwimmbad, wo meine Jahreskarte seit 60 Jahren stets erneuert wird. Wo der Sommer nie aufhört. Wo die Musik spielt: „Ave Maria, Madonna ..."

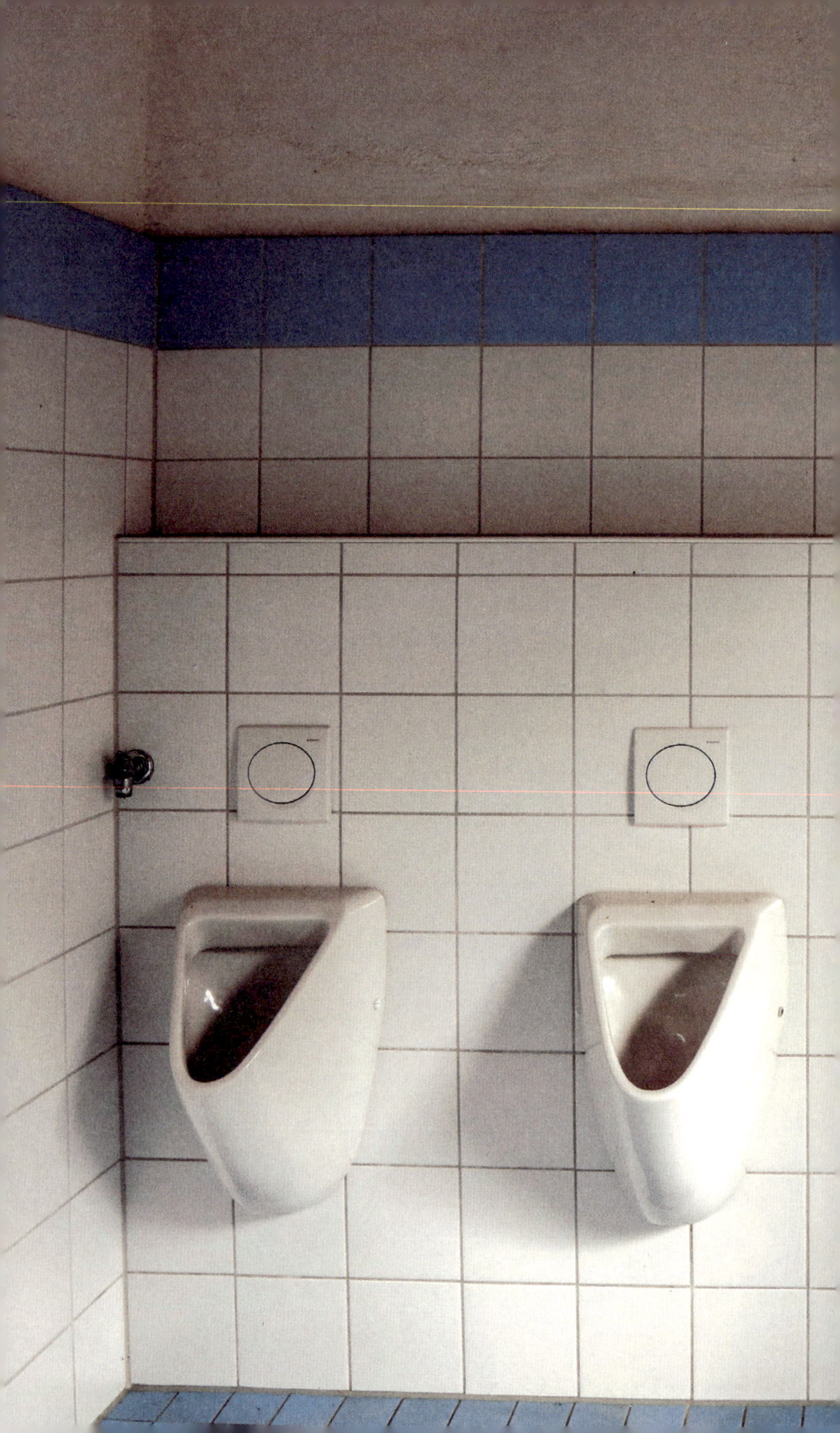

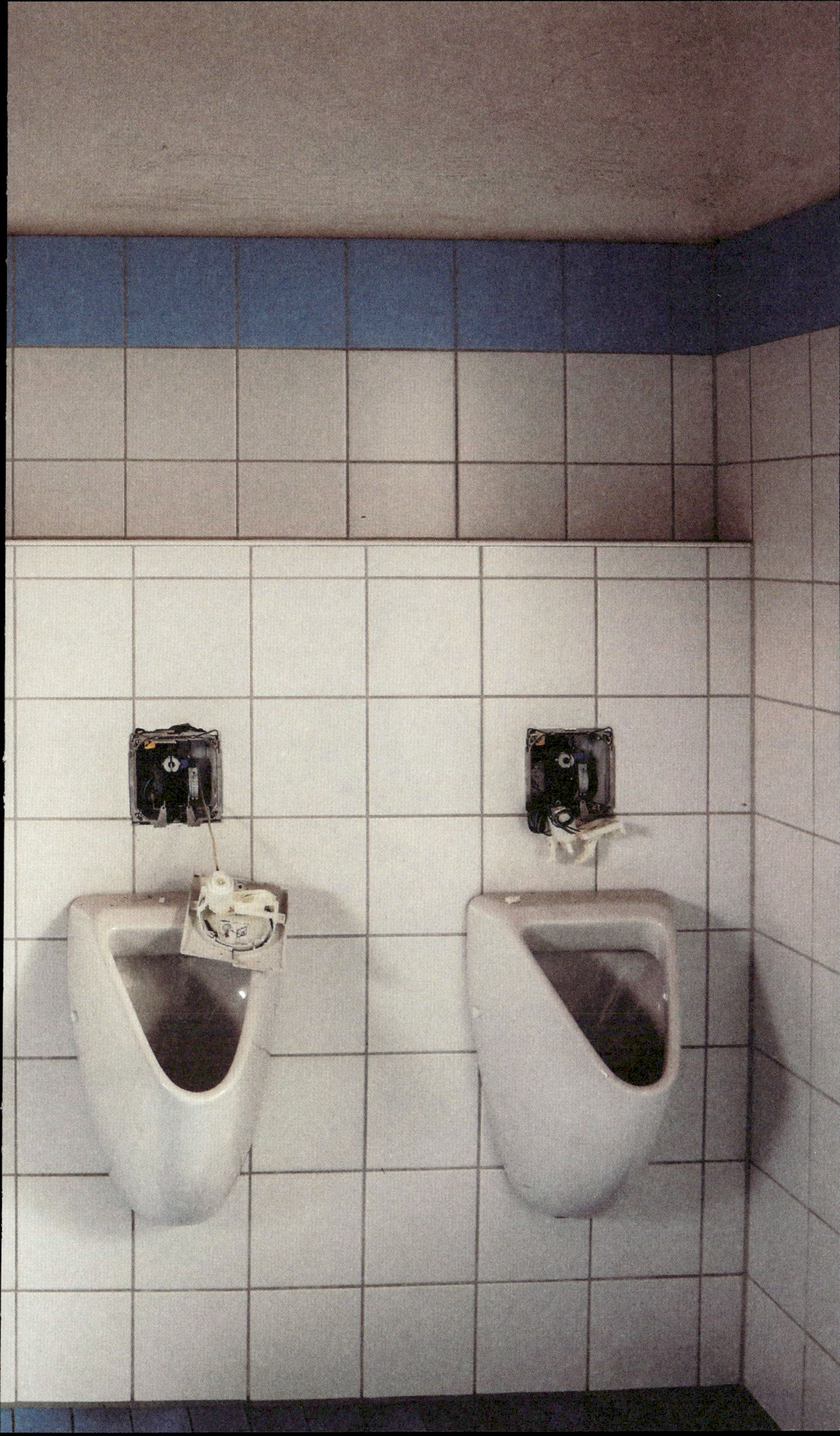

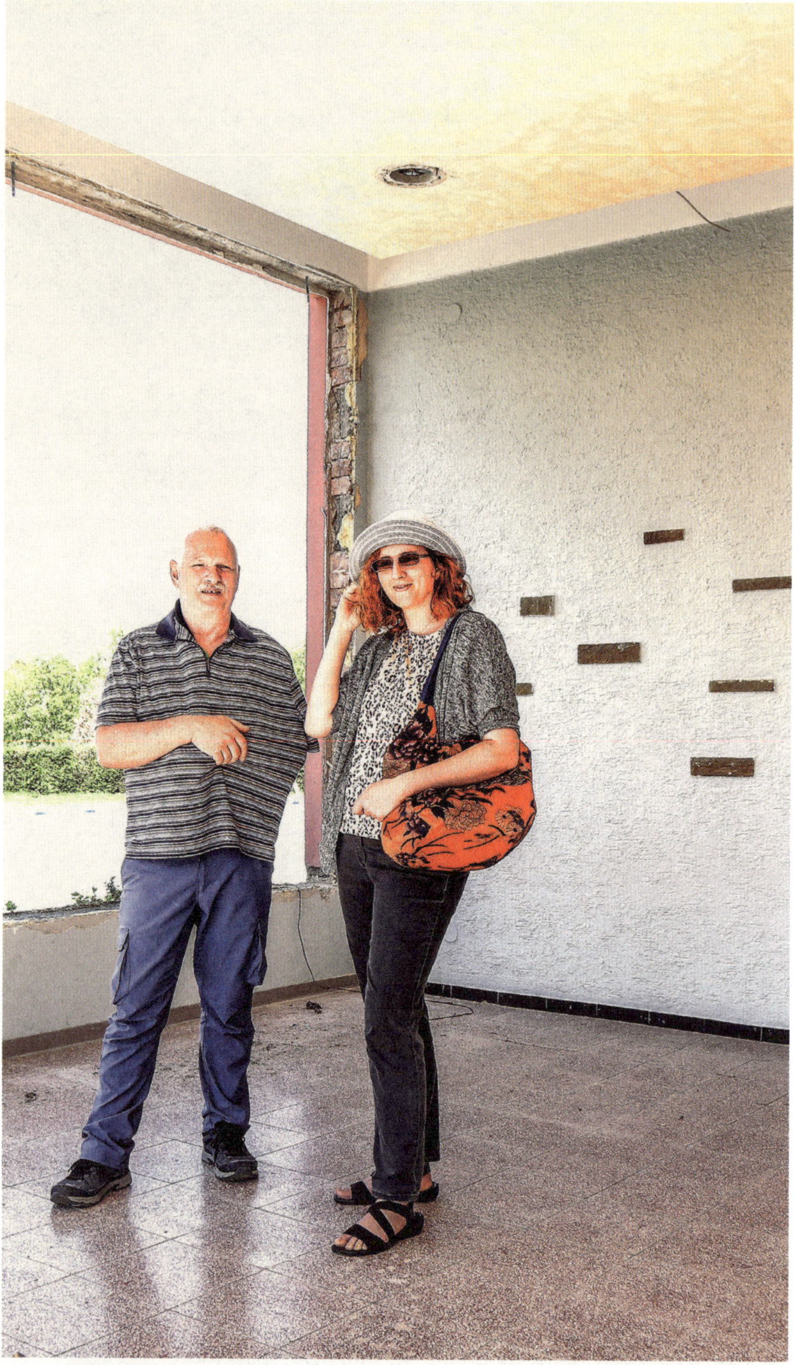

Harald Pflüger
Nach Feierabend

Seien wir ehrlich: Ein Berufsleben lang versuchen wir uns einzureden, Erwerbsarbeit sei etwas ganz Natürliches, sozusagen gottgewollt, habe bestimmt ihre positiven Seiten, nettes Kollegium zum Beispiel, und außerdem benötigt der Mensch ja Geld. Pustekuchen! Verglichen mit dem lustvollen Dasein, das wir uns als Kinder ausgemalt haben, grenzt Arbeiten gehen an Selbstverstümmelung. Wie schnell rauscht das Leben dahin, sobald man zum ersten Mal durchs Werkstor, in den Büro-Flur oder die Kaufhaustreppe hochgeschritten ist!
 Und doch: In gewissen Grenzen obliegt es uns selbst, das eiserne Gehäuse des Arbeitsalltags mit Glück aufzuladen. Ein schwacher Trost ist meist die Mittagspause; wer sie ausgiebig nutzt, ist hinterher müd zum Niedersinken. Bleibt der Feierabend. Wehe denen, die niemals ein Ritual entwickelt haben, sondern schnurstracks nach Hause sausen und den nächsten Frondienst beginnen. Dabei gibt es ganz wundersame Möglichkeiten, sich selbst zu erlösen: in südlichen Ländern das Gläschen Wein in der Bar,

in Deutschland Besenwirtschaft oder Biergarten und überall, wo eins auf hat, der Sprung ins Schwimmbad!

Reinigung ist gar kein Ausdruck. Das sanft schaukelnde Element gibt dich dir selbst zurück, das dauert keine zwei Sekunden.

„Wo war ich denn die ganze Zeit?", fragst du verwundert und hebst die Augen zu den Parkbäumen empor.

Egal, jetzt ist jetzt. Und jetzt wird noch eine Runde geschwommen. Und dann? Rüber zu den Leuten, die einst flüchtige Bekannte waren und längst Freunde sind. Eine gute Gesellschaft, fürwahr. Da geht nichts drüber. Man planscht. Man plaudert. Und man entwickelt die Fähigkeit, das Gegenteil von dem zu tun, was man den ganzen Tag getan hat: Man vergisst die Zeit. Dies ist ein ganz und gar positiver Effekt. Doch was geschieht, wenn sie auf einmal weg ist, vollständig weg, die Zeit? Wir sprechen nicht von astrophysikalischen Hypothesen, sondern von der Oberderdinger Schwimmbaduhr. Eines Tages ist sie verschwunden. Geklaut! Ja, so ein Blödsinn: Niemand kann mit dem metallenen Monstrum etwas anfangen, da ein Impulssteuergerät nötig ist, um sie in Gang zu setzen! Alles Suchen und Forschen bleibt vergeblich. Die Zeit im Schwimmbad – nicht mehr zu erkennen.

Doch das Freibad ist ja nicht allein. Die Rentner-Clique, die morgens schwimmt, und die Feierabendschwimmer sind nicht nur untereinander, sondern auch mit dem Schwimmbad befreundet. Alles Mögliche stellt man miteinander auf die Beine, sogar Jubiläumsfeierlichkeiten. Warum nicht dem Lieblingsaufenthaltsort eine neue Uhr organisieren?

Harald Pflüger weiß Rat. Und er hat Kontakte. In Pforzheim gelingt es ihm, einen Ersatz aufzutreiben. Schon wissen die Derdinger wieder, was es geschlagen hat.

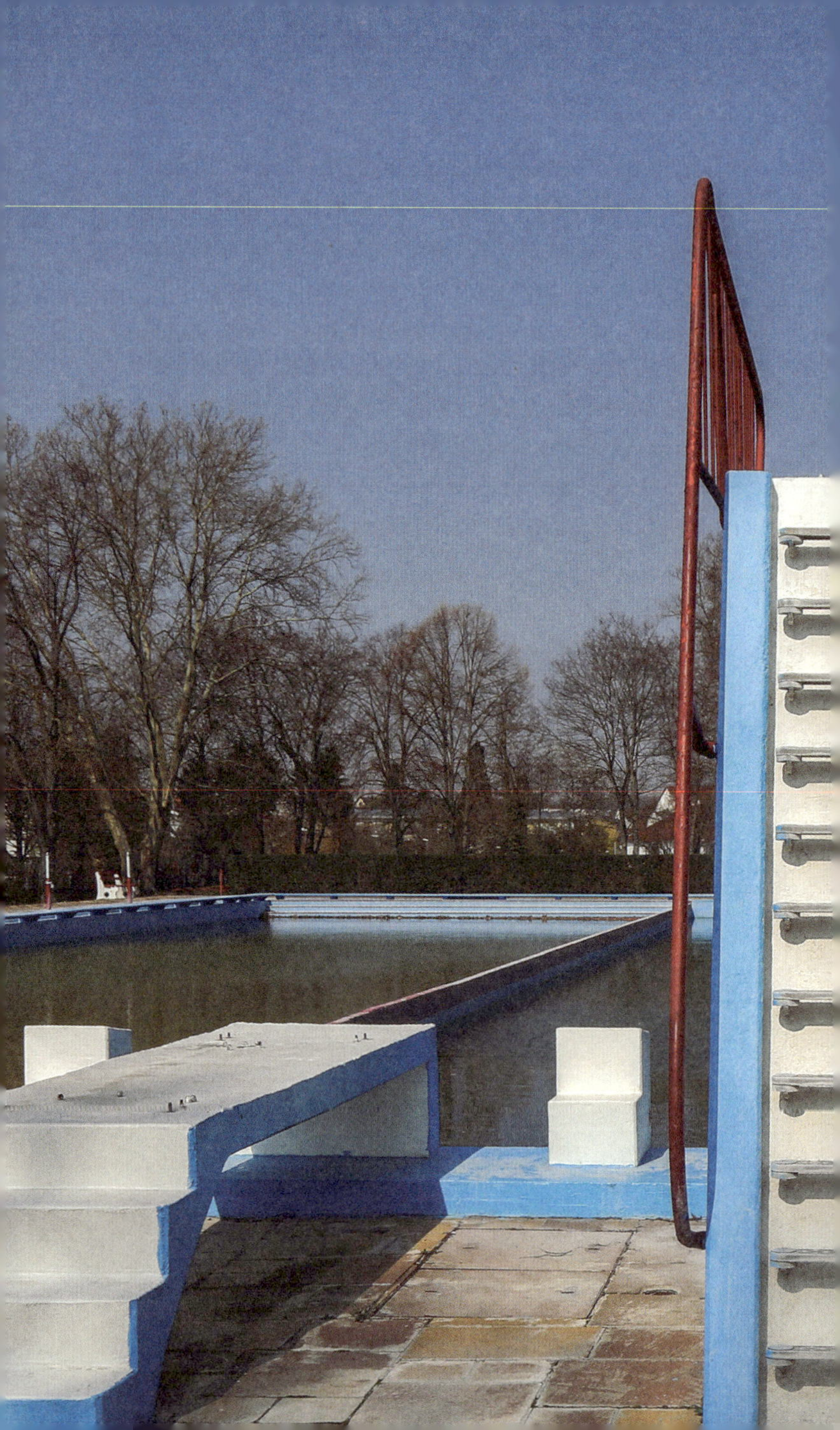

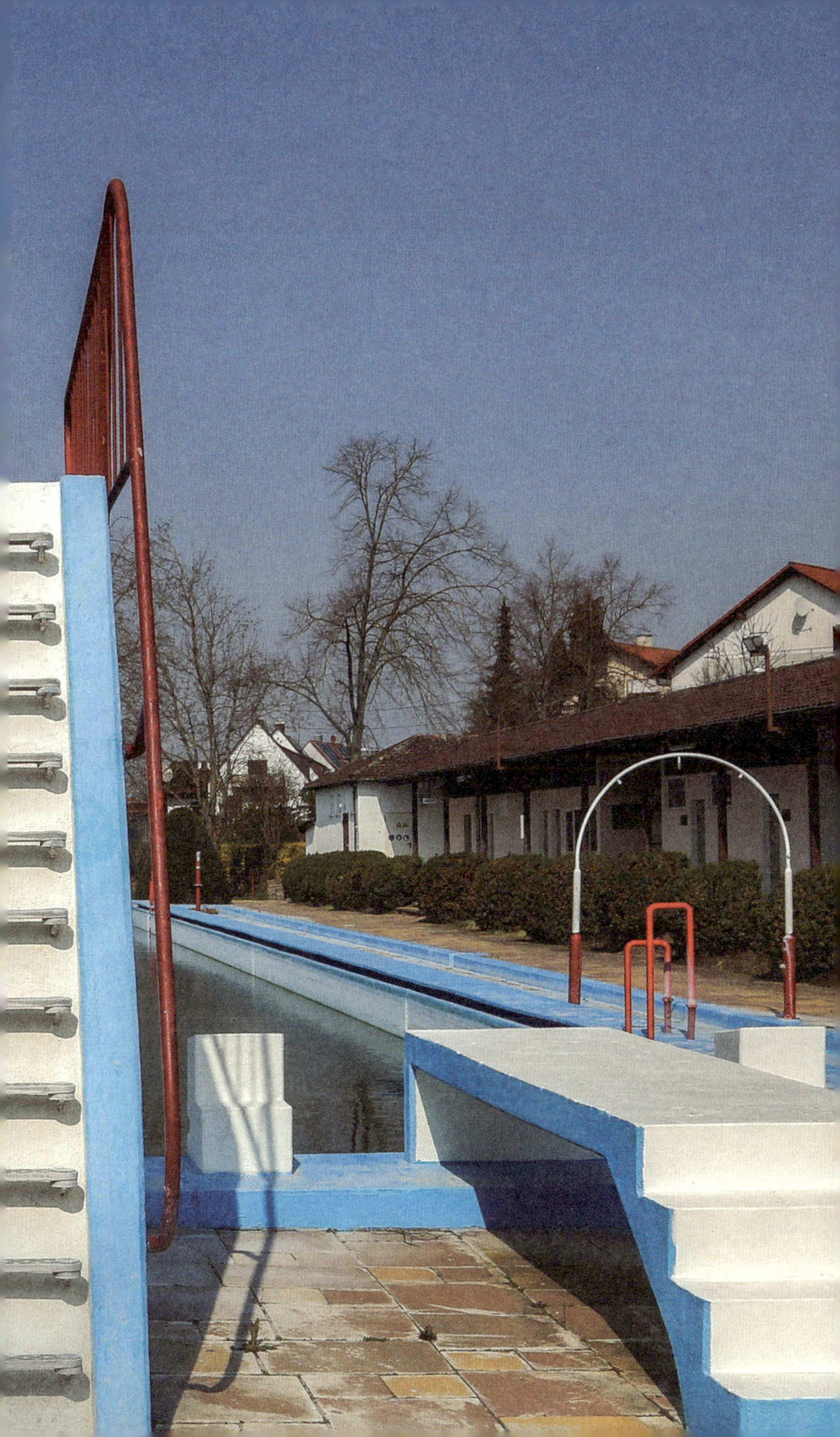

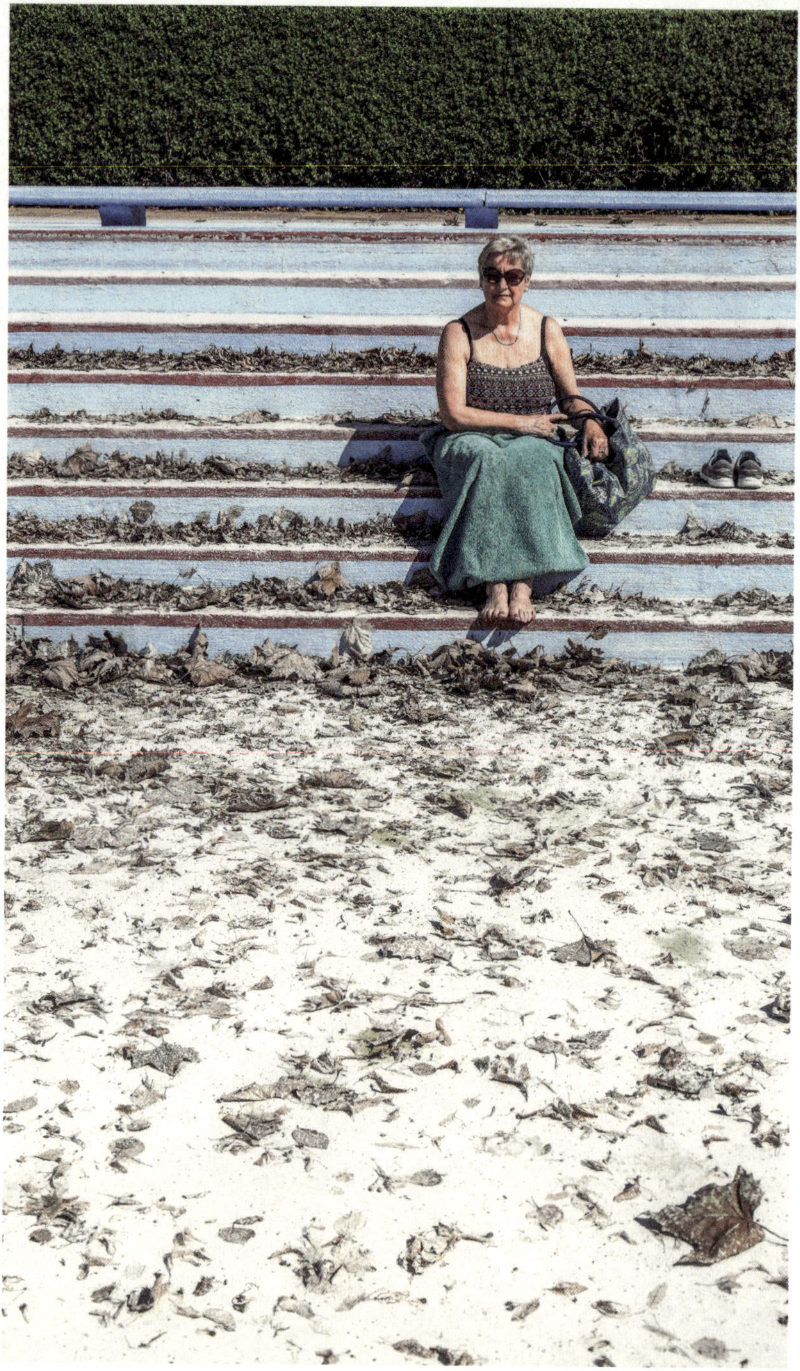

Helga Riedling
Der verschwundene Doktor

Was für eine große Freude, endlich ein eigenes Schwimmbad zu haben! Schwimmbad! Selten sagt hier einer Freibad. Für viele ist das aber egal, denn sie müssen sowieso mit raus aufs Feld, da gibt es keine Ausreden. Oberderdingen Mitte der Fünfzigerjahre: Landwirtschaft dominiert den Alltag, in allen Altersstufen. Aber Helgas Eltern haben ein Einsehen, und die Schülerin darf hin. In Begleitung der Schwester. Am besten jeden Tag!

Zu erzählen wäre von den Bademeistern, mythischen Gestalten der Vergangenheit, einprägsam für Generationen.

Oder von Dr. Schmitt, langjähriger Hausarzt vieler Familien. Im Alter schon recht weit fortgeschritten, lässt es sich der Vorbildliche nicht nehmen, im reinigenden Element seine Bahnen zu ziehen. Die Schwestern stehen an der Seite und sie staunen, mit welch behänder Eleganz der Senior vom Beckenrand in die Fluten gleitet – und gar nicht mehr auftaucht. Gebannt verfolgen die Schulmädchen die vermeintliche Tauchstrecke und geben Tipps ab, wo er wieder emporschießen wird.

Doch er kommt gar nicht mehr hoch, der Doktor. Lange starren die Kinder ins Wasser. Nichts. Nach einer Weile fangen sie an, sich Sorgen zu machen. Ob sie dem Bademeister Bescheid geben sollen?

Bald bekommen sie es mit der Angst zu tun. Ein Herzschlag? Keine Frage, der Arzt muss ertrunken sein! Endlich, endlich rufen sie um Hilfe. Auch andere Badegäste haben das Unglück schon bemerkt. Überall laufen die Leute im Badekostüm ums Becken herum, äugen und deuten. Kein Dr. Schmitt.

Schließlich, nach ungeheuerlich sich dehnenden Minuten, schnellt er an der unvermuteten Seite wieder empor, wendet um und beginnt den nächsten Tauchgang, wiederum 50 Meter ohne Luft zu holen.

„Der ist eben arg gut trainiert", erklärt man Helga und ihrer Schwester. „Eine gute Lunge hat der Mann."

„Na, selbstverständlich, der ist eben Arzt."

So sagen die Praktiker.

Die Kinder glauben kein Wort.

Und sie haben natürlich Recht.

Dr. Schmitt, nicht nur auf sportlichem, sondern auch auf dem Gebiete der Gelehrsamkeit anderen voraus, ist eben etwas Besonderes, eine hoch geachtete Persönlichkeit im ganzen Umkreis, noch dazu von tadellosem Ruf. Dass er offensichtlich auch beim Tauchen über Gaben verfügt, die Normalbürgern nicht zuteilwerden, steht für die Geschwister außer

Frage; die meisten schaffen ja nicht einmal die Hälfte, ach was, ein Viertel der Strecke, ohne Luft zu holen! Vor allem aber sind die beiden Schwestern froh, dass dem Doktor nichts passiert ist ... und dass sie nicht Zeuginnen eines Unglücks geworden sind. Das hätte nämlich gar nicht gepasst, nicht zu ihrem Lieblingsort. Nicht zu diesem wunderschönen Sommer. Und schon mal gar nicht zum Dr. Schmitt, dem fabelhaften Langstreckentaucher.

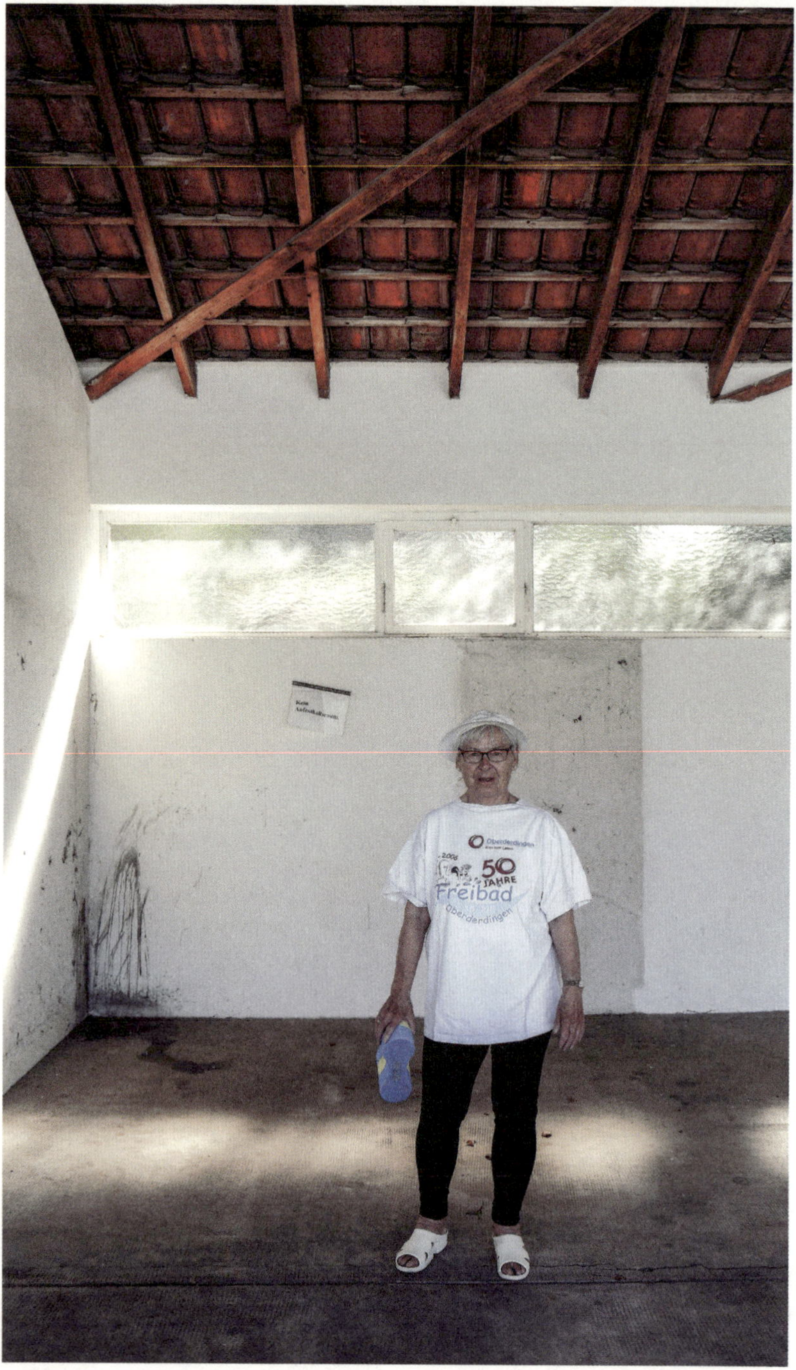
Oberderdingen
2006
50 JAHRE
Freibad
Oberderdingen

Christa Hoffmann
Wie im Paradies

Wahrlich viele Themen wurden in gelehrten Abhandlungen schon bearbeitet, jedoch über die Bedeutung von Schwimmbädern für das kulinarische Niveau einer Region ist vermutlich noch wenig erschienen. Dabei müsste man nur nach Oberderdingen fahren! Eindeutig zu bestimmendes Zentrum ist die Lieblingsrentnerbank, wo nicht nur Rezepte in unbeschreiblicher Anzahl und Güte getauscht, sondern auch gleich ausprobiert werden. Eine Orgie? Eine Orgie! Und alle bringen etwas mit: selbstgebackenes Brot, Fleischküchle von erlesener Qualität, Quiches mit verschiedenen Füllungen, Maultaschen, ihr lieben Leute, Maultaschen, die eine macht sie besser als die andere ... ja, man hat sogar schon eine Herdplatte mitgebracht, als der Kiosk geschlossen hatte, um Würstle heiß zu machen.

Selbstverständlich nicht irgendwelche Würstle; auch hier ist der Qualitätsanspruch hoch. Kein Wunder, wenn man doch über Jahrzehnte eine Metzgerei geführt hat ... Bevorzugtes Premiumgetränk ist der Sekt, ebenfalls nicht irgendeiner, sondern stets von höherer Güte, bloß keine Billigware. Vor allem bei „Feschtlen" kommt er zum Einsatz, und dafür findet sich immer wieder ein Anlass. Damit nicht genug: Querbeet wechseln auch landwirtschaftliche Produkte den Besitzer, ob frisch aus dem Garten, zum Sofortverzehr geeignet, pikant eingemacht oder in Form von köstlichen Marmeladen. Eine Obst- und Gemüsetauschbörse mitten im Freibad! So was hat manche Kommune nicht einmal auf dem Marktplatz, geschweige denn selbstorganisiert.

Ach ja, die Gärten ...

Wie schade, dass im Alter die nötige Arbeit nicht mehr so flott von der Hand geht, aber was möglich ist, wird schon noch gemacht. Nimmt man die Schilderungen ernst, so könnte man behaupten, hier eine ökologisch-lukullische Vorreiter-Gemeinschaft beisammen zu finden. Denn gekauft wird nur das Notwendigste. Alles andere: regional – saisonal – frisch und Marke Eigenbau. Dergleichen behaupten sonst nur Sterneköche für sich. Hier stimmt's.

Eine gute Truppe fürwahr, echte Freunde, frohgemut und wohlgelaunt und stets gut informiert über das Ortsgeschehen, kommt man längst auch außerhalb der Schwimmbadzeiten zusammen. Hauptsaison aber ist und bleibt der Sommer, und da gibt es vor allem anderen ein Ziel. Und an Selbstbewusstsein mangelt es nicht: „Wenn wir nicht draußen sind, fehlt was!" Man trifft sich früh, will um Punkt 12 wieder zu Hause sein, schließlich wohnt man nicht in der Großstadt, wo die Mittagsstunde nichts mehr zählt. Man ist geprägt von anderen Tagen, als noch nicht alles im Überfluss vorhanden war. Darum wird auch nichts weggeworfen, sondern fantasievoll weiterverarbeitet. Noch einmal in den Originalworten von Christa Hoffmann: „Mir mache noch aus nix ebbes."

← Herren

Damen

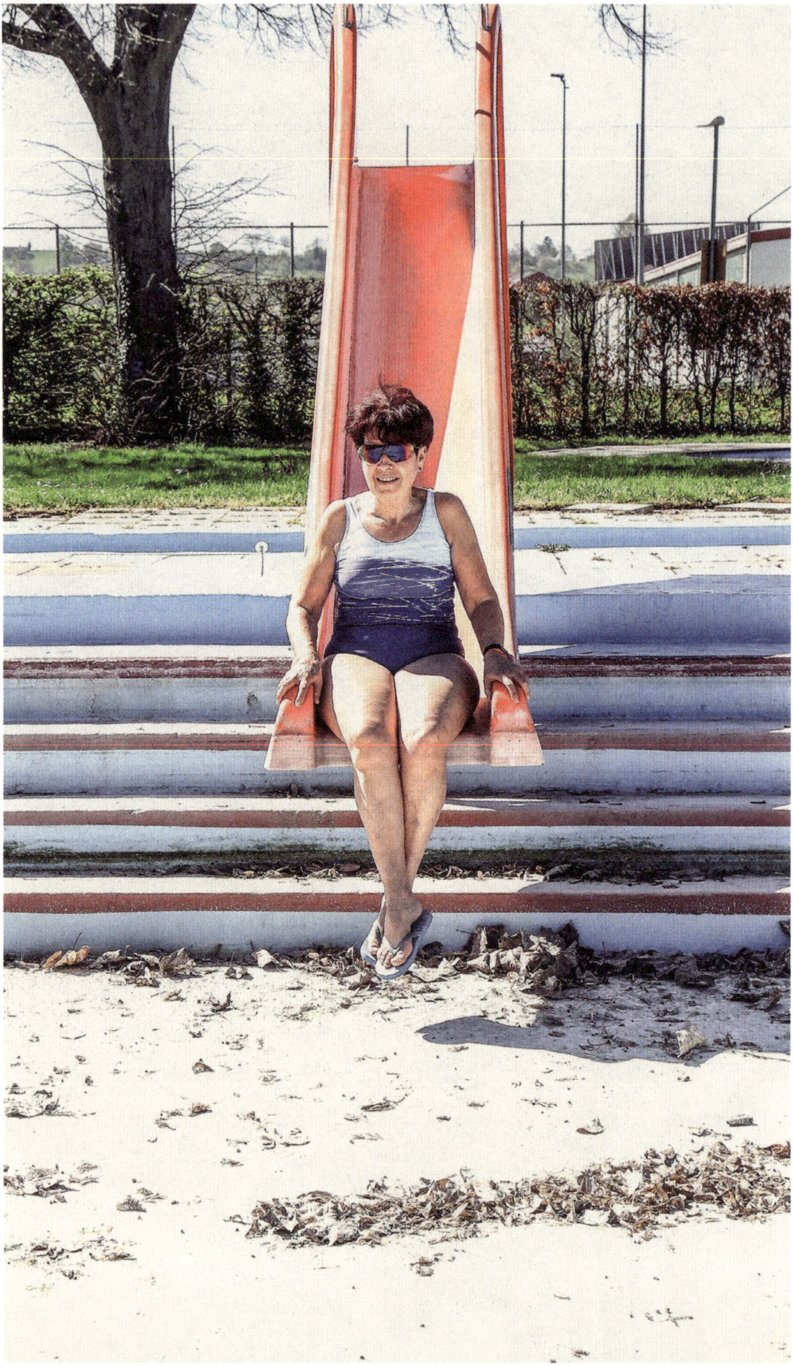

Carmen Bihn
Heiße Zeit

Dunkle Mächte in Oberderdingen? Okkulte Zusammenkünfte, mitten am Tage und vor aller Augen? Ja, es existiert ein Geheimbund, der sich nicht scheut, öffentlich aufzutreten. Das ist nicht nur noch besser als bei den Illuminaten, es ist vor allem friedfertiger. Sie kennen das Zeichen, denn sie gehören dazu. Sie verständigen sich über Blicke, das genügt. Sie folgen unumstößlichen Regeln, die nirgendwo aufgezeichnet sind.

Wie wichtig Rituale für unser Wohlbefinden sind, darüber wurde viel geforscht und noch mehr geschrieben. Ohne den Wechsel der Tages- und Jahreszeiten, der offiziellen Feiertage und der privaten Angewohnheiten fangen wir an zu schwimmen. Das ist das Stichwort. Denn auch das Schwimmbad zu Oberderdingen hat seine festgelegten Zeiten, und die gehören zu mancher Biografie dazu wie Weihnachten und Hochzeitstag zusammen.

Das Ritual ist terminiert: auf die heiße Zeit vom 15. Mai bis zum 15. September, von 9 bis 20 Uhr, um genau zu sein. Was währenddessen geschieht, das darf individuell geregelt werden; die Glaubensgemeinschaft vom heiligen Planschbecken duldet ein gewisses Maß an Freiheit. Und wann würde das je so innig genutzt wie in der Jugend!

Man stelle sich vor, zwei junge Mädchen von sagen wir dreizehn, vierzehn Jahren entwickeln einen durch nichts zu zähmenden Drang, sich ins Nasse zu stürzen, kaum dass die Wassertemperatur 17 Grad erreicht. Das ist fast so schlimm wie beim Eistauchen in Russland: Jede Faser deines Leibes zuckt zurück vor dem Kontakt mit dem feindlichen Element! Doch unentwegt sieht man die beiden damit beschäftigt, vom Lauen ins Eisige zu hüpfen, um dort herumzukraulen. Gibt es eine Diagnose für dieses Störungsbild? Morbus lavans?

„Es war ein Muss, ein Antrieb von innen", erinnert sich Carmen Bihn, aufgewachsen in nächster Nähe zu dieser Unwiderstehlichkeit von Schwimmbad. „Das ist meine zweite Heimat." Mit 16 macht sie hier das Sportabzeichen, da misst die Wassertemperatur gerade einmal 15 Grad. Ihren ersten Job erhält Carmen als Schwimmbad-Garderobiere. Die Liegewiese wird zum Treffpunkt. Und die Alten sitzen auf der Bank. „Hallo, seid Ihr auch wieder da?" So geht es jahrzehntelang. Sohn und Enkel lernen hier schwimmen. Das läuft wie von selbst. Als Kleinkind springt man schon vom Ein-Meter-Brett. Urlaub in den Sommerferien? Wozu, man hat doch das

Schwimmbad! „Es gibt nichts Schöneres als schwimmen. Und man belastet die Gelenke nicht."

Eine verschworene Gemeinschaft also. Eine Art Sekte, die sich ganz freiwillig dämonischen Exerzitien unterwirft. Und dabei jede Menge Spaß hat, vom Baby- bis ins Seniorenalter. Wer in diesen Bund aufgenommen werden will, muss regelmäßig sein Opfer bringen: Zeit, viel Zeit, am besten die gesamte Freizeit. Das aber scheint den Leuten hier so schwer zu fallen wie einem Bayern der Besuch eines Biergartens.

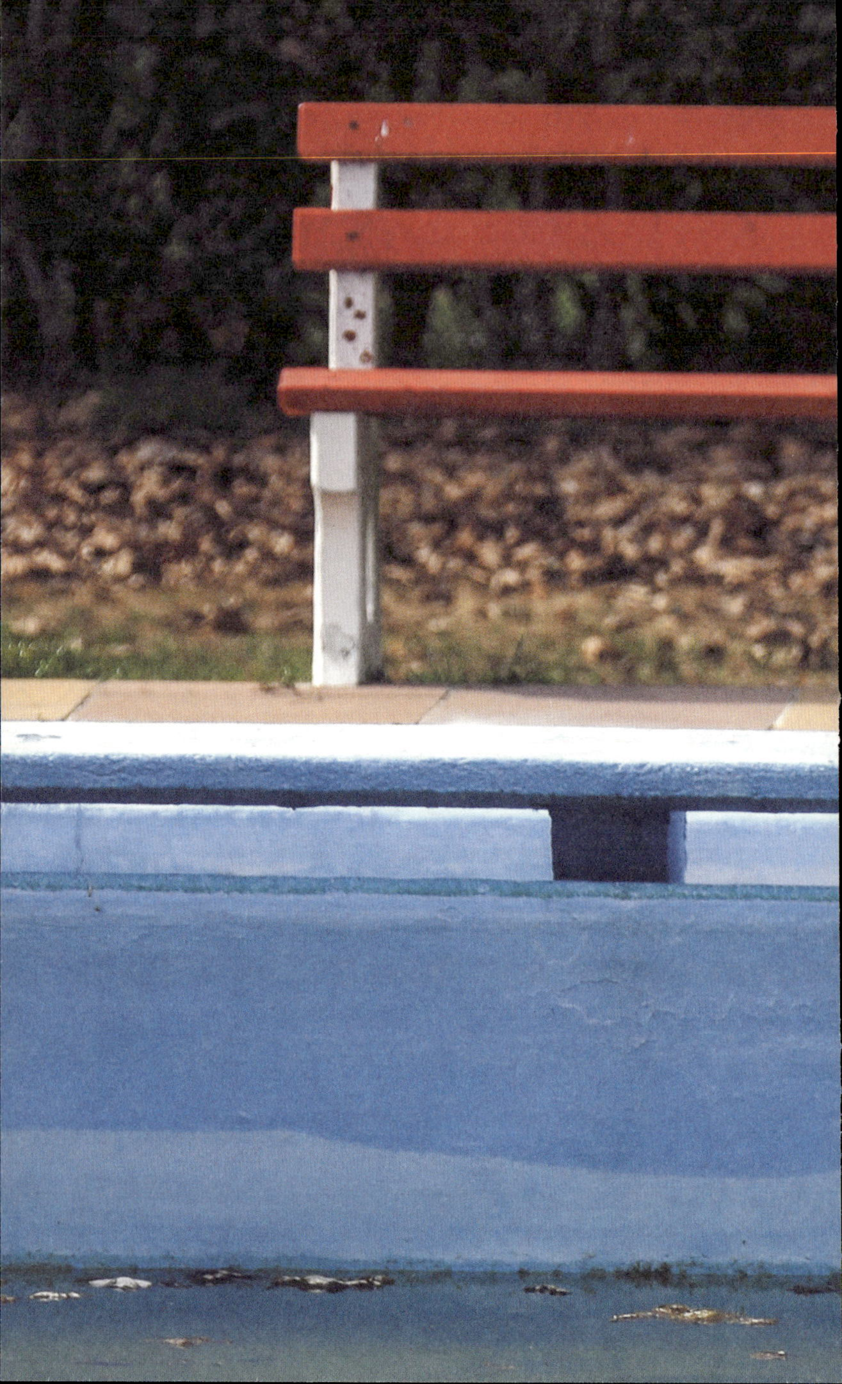

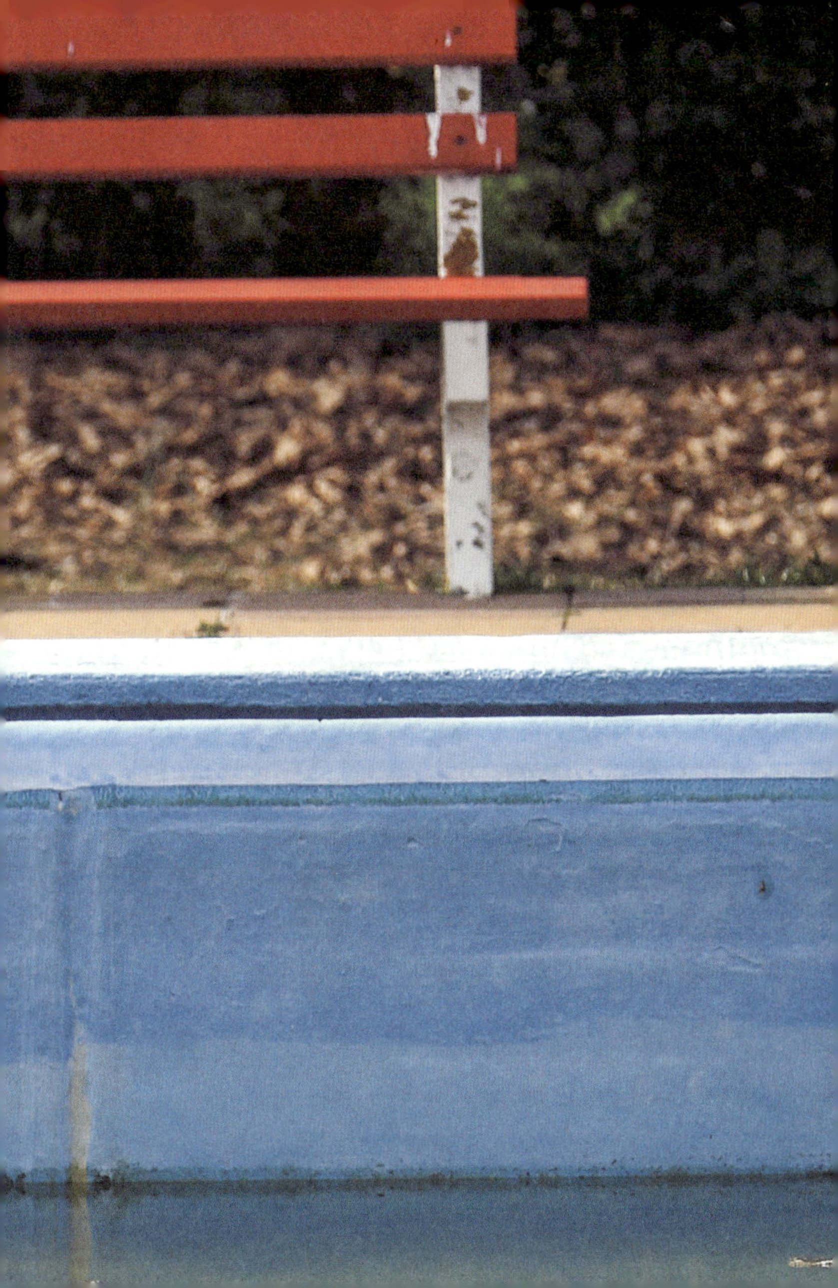

Kein Trinkwasser

Wanda und Josef Krempl
Auf der Lieblingsrentnerbank

Öffentliche Einrichtungen können erst dann einen Anspruch auf Akzeptanz erheben, wenn man sie zweckentfremdet: der Spielplatz, auf dem Fußballspielen verboten ist, wo die Kinder aber unverdrossen weiter Fußball spielen; die von keinem jemals zu betretende Rasenfläche im Park, auf der sich die Picknicker eins ums andere Mal tummeln; die legendäre Teppichstange im Hinterhof, an der die Halbstarken Klimmzüge üben ... oder eben das Fünfzig-Meter-Becken, einzig und allein zu striktem Sportvollzug vorgesehen, wenn die Übermütigen von der Seite einen Hechtsprung machen, rückwärts paddeln und dabei jubeln. Oder Wasserfangen spielen.

Wasserfangen? Ganz richtig. Ein selbsterfundenes Spiel – und so was ist immer das Beste.

„Einen musste man erwischen, die anderen machten Köpfer."

Verstanden? Macht nichts. Das sind private Regeln, die nur die Insider zu befolgen wissen. Man ist jung, quirlig, abgehärtet.

„Bei 23 Grad Wassertemperatur haben wir nach Eiswürfeln gerufen."

Und der Bademeister? Hat welche parat: „Soll ich sie vor dir oder nach dir reinschmeißen?"

So vergehen die Jahre. Man bleibt zusammen, das Schwimmbad und seine Fans. Selbst harte Prüfungen steht man gemeinsam durch. Einmal fällt ein Junge aus großer Höhe von der Schwimmbadrutsche, die hatte noch keine Seitenverkleidung. Josef Krempl sieht den kleinen Körper auf den Stufen liegen, mit dem Gesicht nach unten. Gleichzeitig stürzt er herbei und schreit nach dem Bademeister. Der gute Herr Winkler hastet sogleich heran. Doch verliert er nicht den Kopf in der Angst, sondern leistet erste Hilfe. Der Junge überlebt. Gehirnerschütterung. Das lässt sich verkraften.

Es vergehen noch mehr Jahre. Auf einmal wird das Oberderdinger Bad 50 Jahre alt. Wanda Krempl, zu diesem Zeitpunkt 73 Lenze zählend, wird die in jeder Hinsicht hohe Ehre zuteil, einen Sprung von historischem Rang nachzustellen: Ein halbes Jahrhundert zuvor war es Emma Jäger, die vom Drei-Meter-Brett den Kopfsprung ins Wasser wagte. Was für eine Sensation! „Wanda, die Wassernixe!", titelt die Zeitung.

Wieder vergehen die Jahre. Nach und nach wird man ruhiger, bleibt aber zusammen: die Schwimmer und ihr Schwimmbad. Das Zentrum des Geschehens verschiebt sich allerdings nach und nach: vom

Becken und von der Liegewiese zu einer ganz bestimmten Sitzgelegenheit – der Lieblingsrentnerbank. Was andernorts der Dorfbrunnen, der Platz unter der Linde, ist zu Oberderdingen das Bänkchen, manchmal viel zu klein, um allen, die gleichermaßen nach Ruhe und nach Miteinander suchen, Platz zu bieten. Zusammen, am rechten Ort und mitten im Geschehen. Das ist Lebensqualität, durch nichts zu ersetzen. Und die Bank muss nicht einmal zweckentfremdet werden. Die ist nur zum Sitzen da.

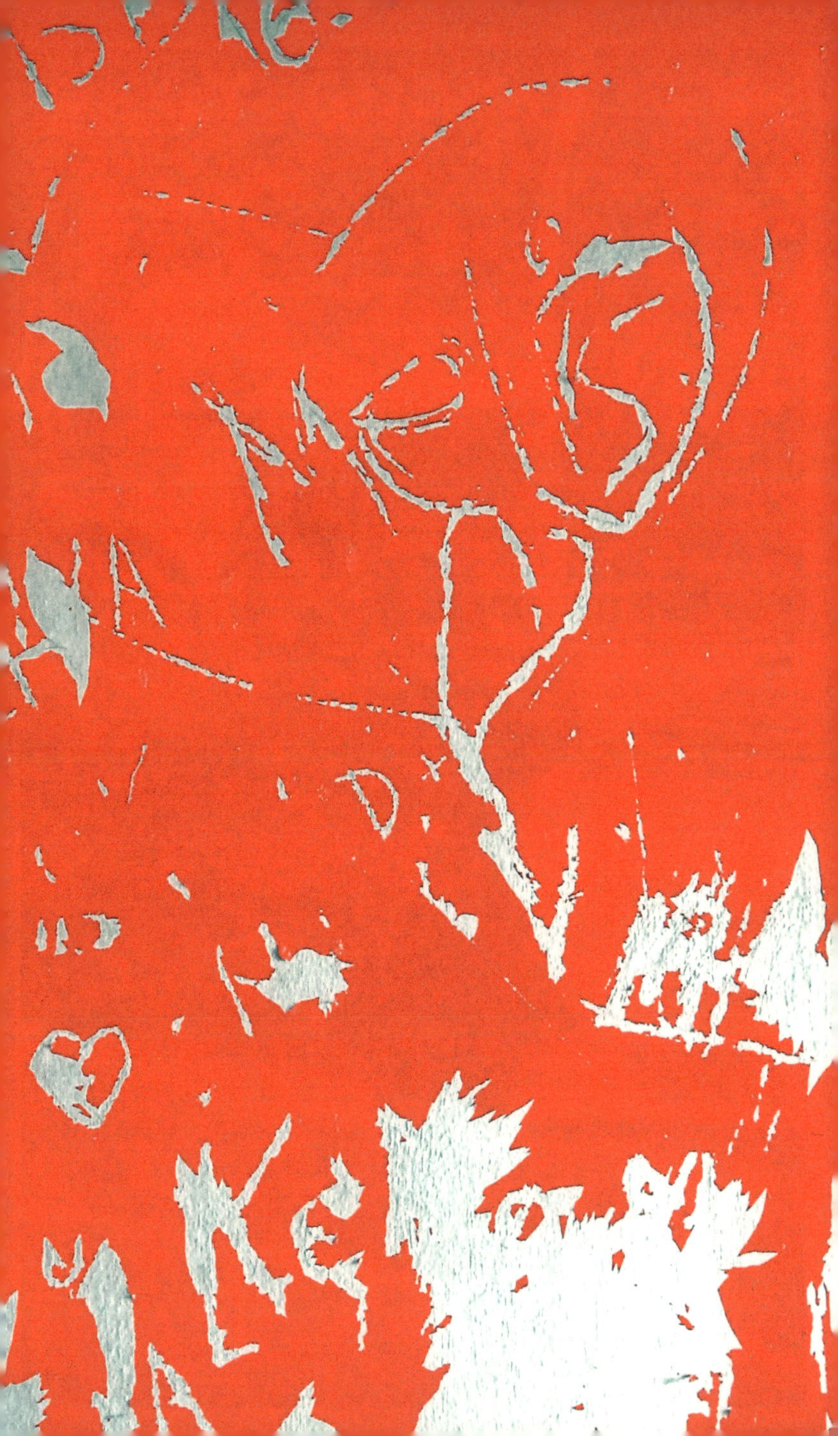

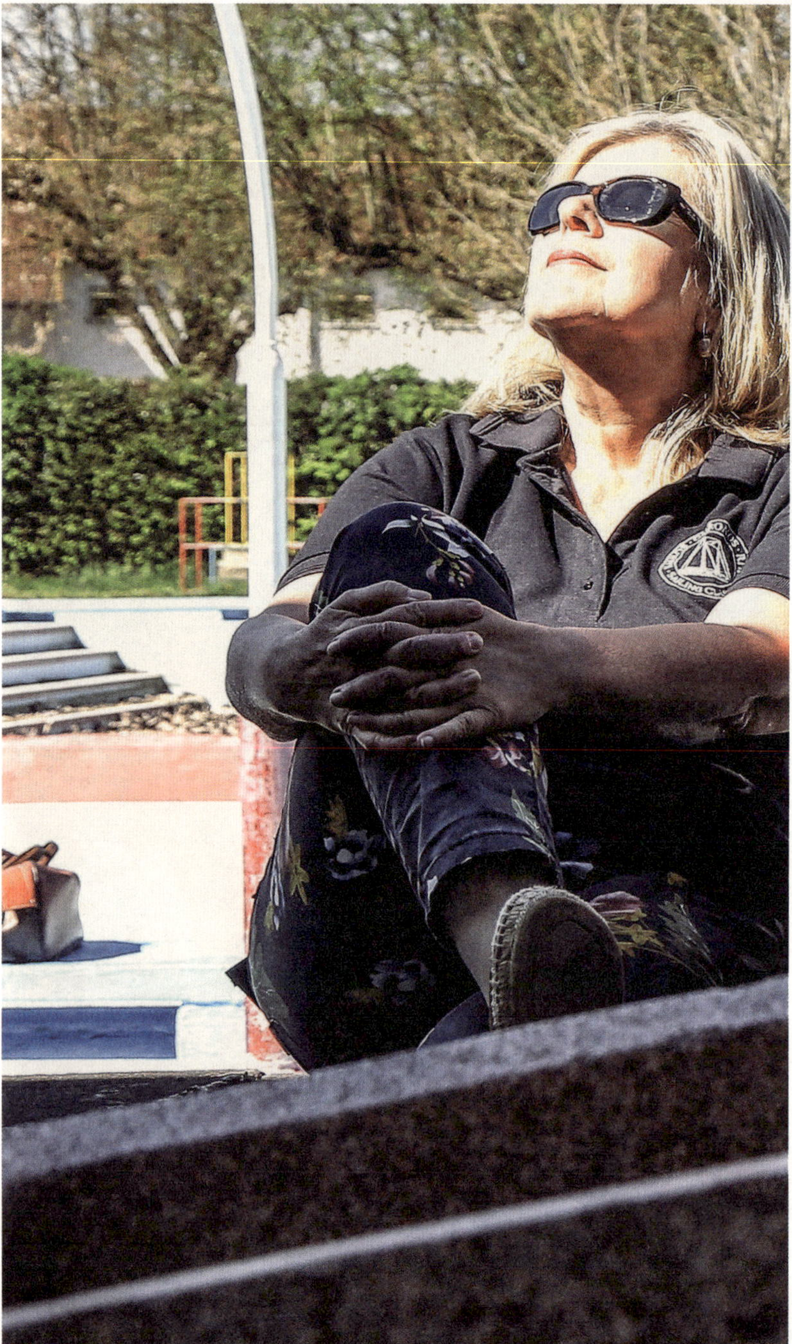

Anita Kicherer
Come together ... right now!

„Join the party!" Hier gibt es keine Heerscharen von Eltern, die aufpassen würden, hier gibt es Softeis, weiß, braun, braun-weiß gestreift, jeder hat so seine Methode, sich ihm zu nähern, manche schlecken erst seitlich, andere warten, bis es ihnen über die Hand tropft, am besten aber, man formt die Lippen als würde man „Uhuuh!" singen und stülpt sie von oben drauf. Aus den Seepferdchen auf unseren Badehosen sind nach und nach blaue Freischwimmerabzeichen geworden, dann rote Fahrtenschwimmer-, und auch die haben sich verwandelt, in Jugendschwimmer-, knallgelb. Dafür musste man einiges tun: ganz tief runter tauchen, Gummiringe aufsammeln, vom Dreier springen und so, lauter harte Sachen. Aber es ist uns nichts passiert.

Denn wir haben ja einen Bademeister, und was für einen. Der hat uns Schwimmen beigebracht, fast nebenbei. „He come groovin' up slowly ..." Keiner hat Angst vor ihm, aber alle Vertrauen. Bei einem Bienen- oder Wespenstich saust du zu ihm hin, er schmiert dir schnell was drauf und ab zurück ins Wasser. Zum Plärren kommt man kaum, denn es gibt ja so viel zu tun. Während der Zeit, als unsere Abzeichen die Farben gewechselt haben, sind wir auf der Liegewiese immer weiter nach hinten gerückt. Das hat seine Gründe, aber die sag ich nicht. Wir sind gar nicht so brav, Mann! Denn es ist eine rebellische Zeit, und gerade das macht uns Spaß.

„Shoot me, shoot me, shoot me, shoot me ..."

Wir füttern einander mit Pommes und Ketchup, die holen wir am Kiosk, wo es immer randvoll ist. Wir hören die Beatles, manchmal auch die Stones, aber dann wieder die Beatles. Es ist überhaupt nicht verboten, ein Radio dabeizuhaben; wir drehen es von selber nicht zu laut. Es ist eigentlich gar nichts verboten. Und wir haben immer was zu quasseln, weil immer was passiert, und wenn gerade nichts passiert, quasseln wir darüber, was noch passieren wird, und es wird unglaublich viel passieren in unseren Leben, da sind wir uns sicher.

Es gibt da so einen viel älteren Jungen, fast zwei Jahre, keine Ahnung, wo der herkommt, wahrscheinlich aus Kürnbach, den finden alle toll, auch meine Freundin. „He say I know you, you know me, one thing I can tell you is you got to be free ..."

Jetzt müssen wir erst noch mal rüber, so schnell es geht, vom Startblock ins gechlorte Wasser hechten und erst dann wieder zurück auf die Wiese, wenn die Lippen blau sind. Wir merken genau, wer uns anglotzt, wenn wir uns abtrocknen. Aber abends, da nähern wir uns dem Sprungturm, ganz unauffällig natürlich. Und wir bestaunen, mit welchen Schrauben und Saltos diese sehr, sehr alten Jungs durch die Luft schießen, umspritzt von Wassertropfen, und sie fliegen langsam durchs türkisene Abendrot, „across the universe …"

Bin gleich wieder da!

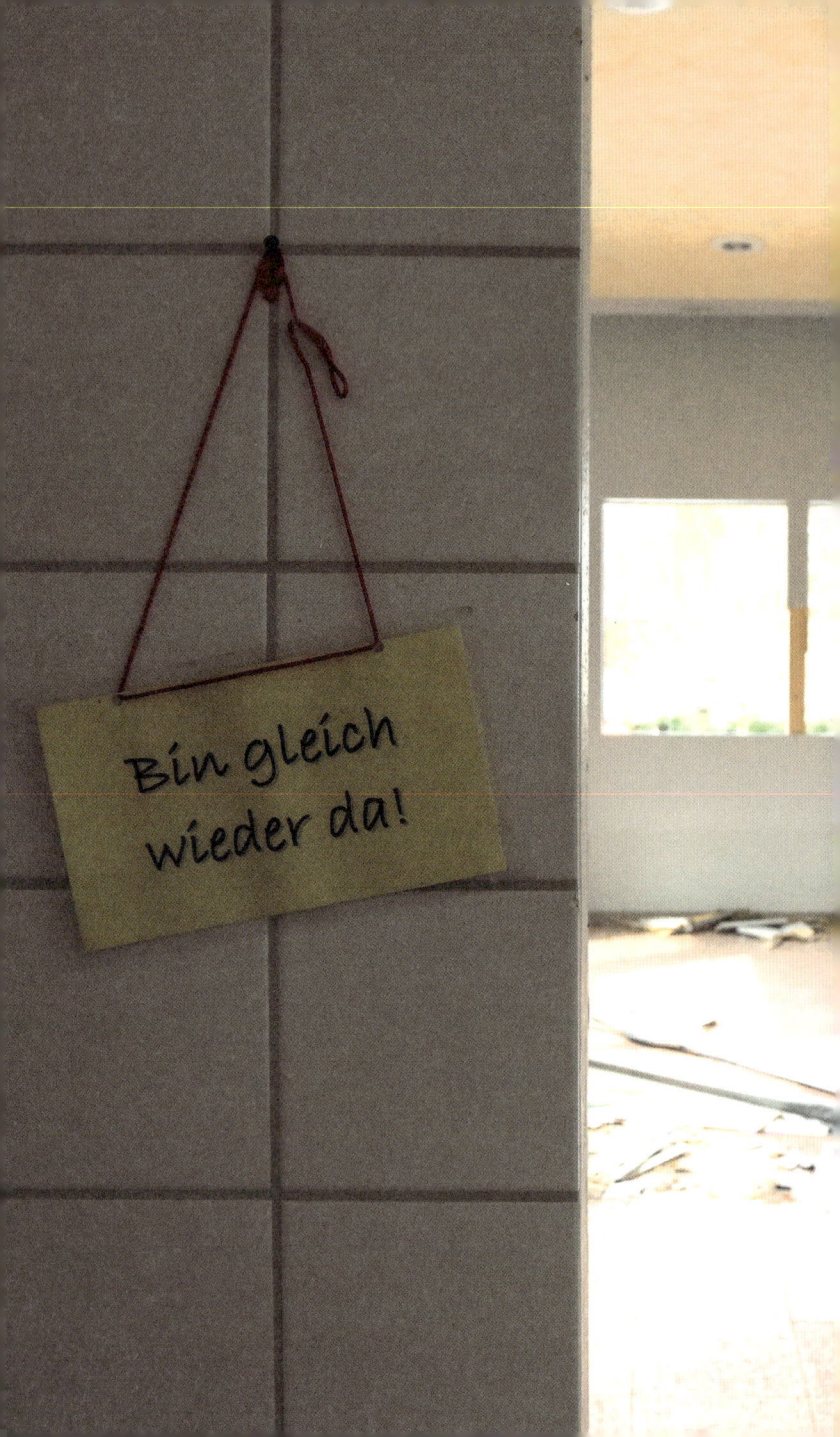

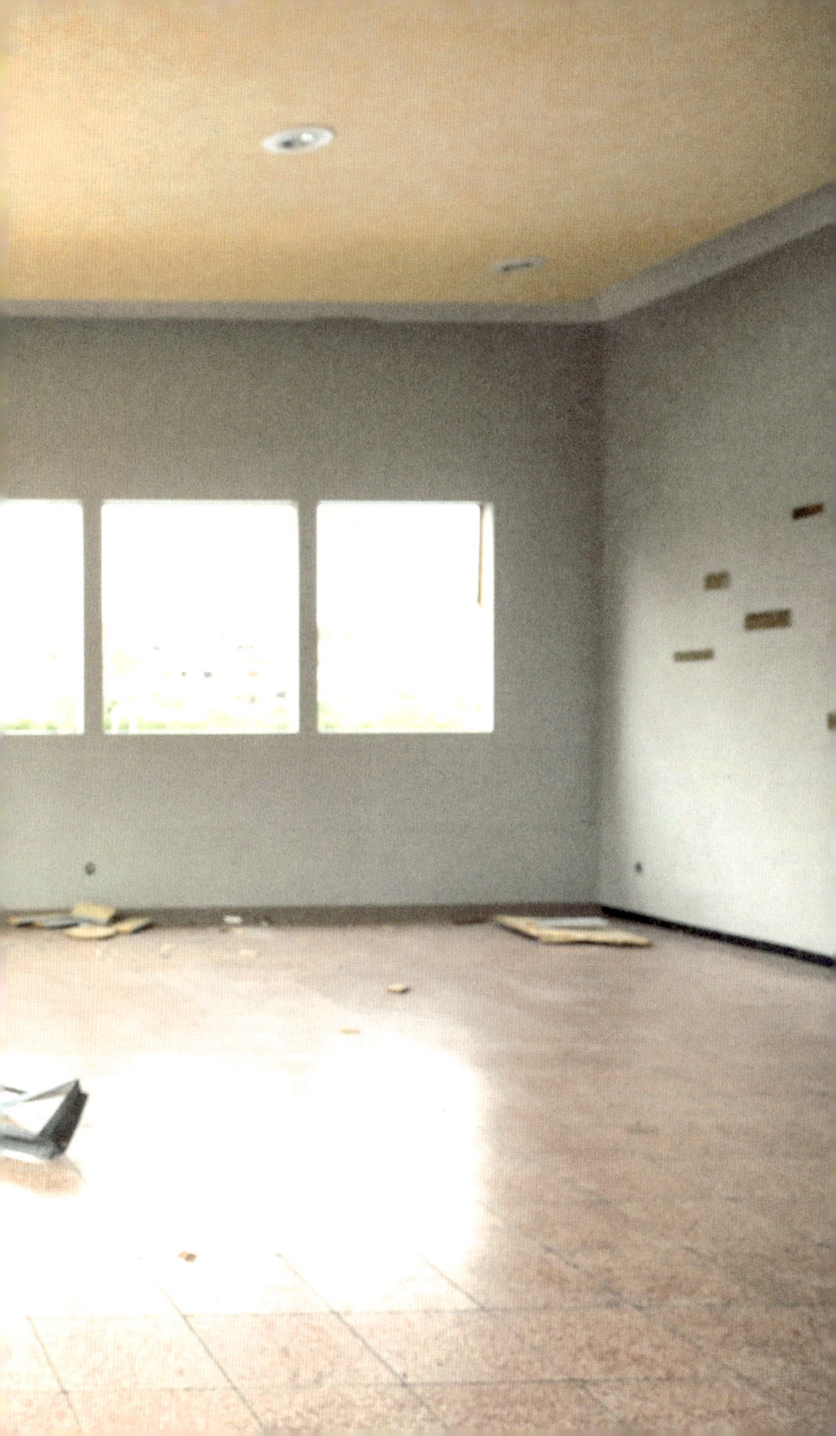

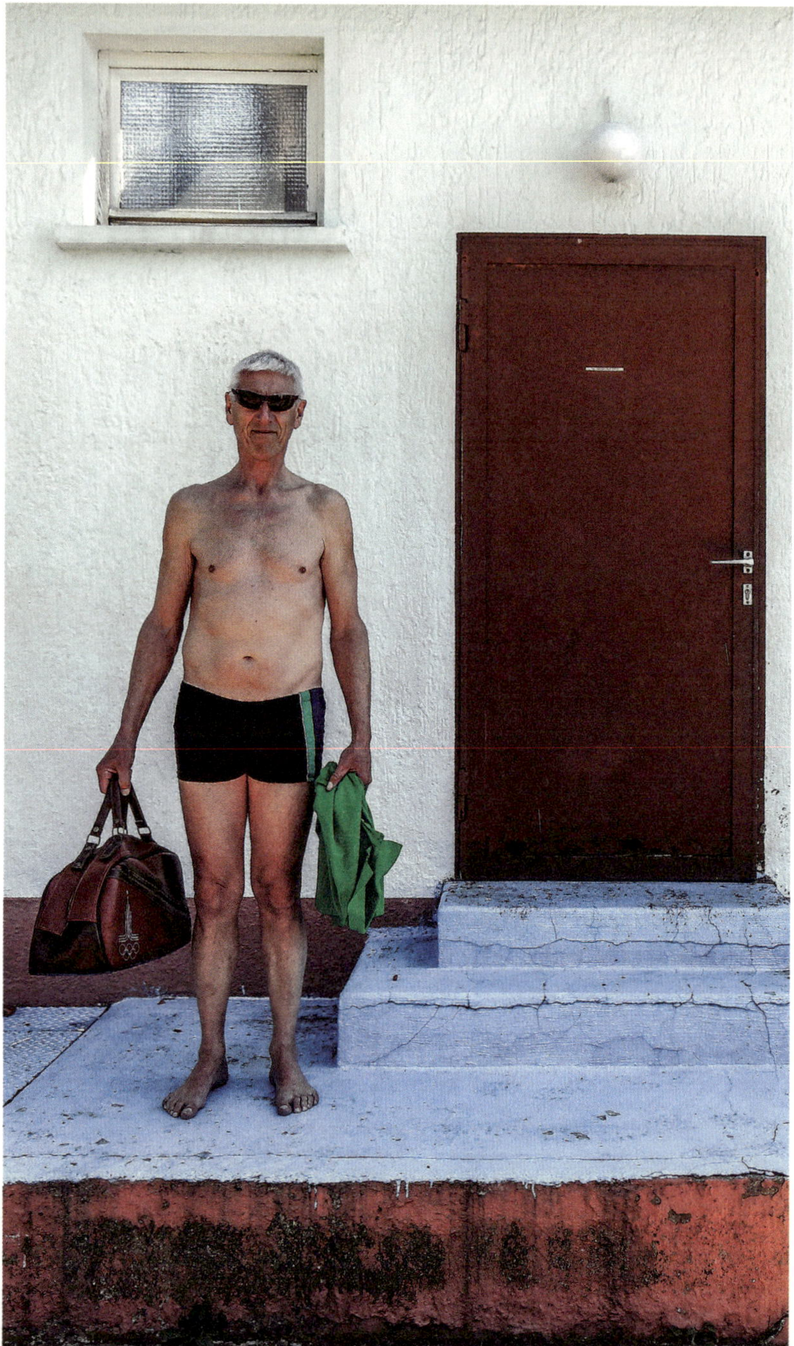

Werner Bühler
Die Flucht vom Acker

Landwirtschaft in den Fünfzigern, das ist so ziemlich das Gegenteil von einem entspannten Freibadaufenthalt. Alles ist wie mit einem grauen Staub von der Mühsal der Jahrhunderte überzogen. Sicher, es gibt schon Trecker – Lanz, Fendt, Hanomag –, aber die sehen noch aus wie gehörnte Urviecher aus dem Pleistozän. Hätte man einem Bauern erzählt, in Bälde säßen die nachgerückten Kollegen in klimatisierten Kammern mit Kaffeeautomat und Volksmusik, man hätte schallendes Gelächter geerntet. Oder eine ebensolche Ohrfeige.

Die Werkzeuge sind haltbar, aus kompaktem Holz und aus einem Eisen geschmiedet, das auch dem Enkel noch zu Diensten sei. Es gibt nichts, was nicht schwer wäre. Die Schippe, die der junge Werner geschultert hat, wiegt so viel wie ein paar Jahrzehnte später eine ganze Schubkarre. Man muss genau wissen, wie man mit dem Feldgerät umgeht, sonst bricht man sich was, holt sich eine Zerrung oder – weit schlimmer – macht etwas kaputt. Aber der Werner hat es gelernt, von Grund auf. So wie die Vorfahren ja auch.

Nicht zu schnell, nicht zu langsam schiebt er sich den staubtrockenen Wirtschaftsweg bergauf. Er freut sich auf den Hohlweg, da ist es etwas kühler. Vor ihm liegen fünf Stunden Arbeit, in der glühheißen Sonne. Der Vater ist schon draußen, wartet auf ihn. Nur nicht zu spät kommen! Was für ein Schicksal ... Die Kameraden nämlich, zumindest ein paar, sind befreit von der Fron. In deren Häusern ist die Neuzeit schon eingetroffen, und es hat ein Ende mit der Plackerei. Auch Werners Vater geht auswärts arbeiten, Schicht sogar, aber die Äcker, die Streuobstwiesen, der Weinberg sind noch da und wollen bestellt sein.

Da trollt ihm einer der Schulkumpel entgegen. Was hat der nur so aufgeregt zu winken? Schon ist er heran: „Ich soll dir von deim Vadder sage, er müsst in die Fabrik, kannst wieder heim!"

Will der ihn veräppeln? Das ist doch unmöglich ... Aber die Miene des Freundes spricht von reinem Sommerglück, und es ist wirklich wahr: Für einen Erntetag, einen einzigen, ist Werner erlöst. Es bedarf keiner Absprachen. Die Schippe gut hinter dem Nussbaum versteckt und losgewetzt, den Hang hinunter, alle beide, unter Jauchzen, als wären sie Bergbauernkinder und hätten eine Jodelschule besucht.

Vor dem Ort trennen sie sich, rasen mit unverminderter Geschwindigkeit nach Hause, schnappen sich die Badehosen, und Minuten später sieht man sie in die kühlenden Fluten des Freibads eintauchen.

Sechzig Jahre später. Werner Bühler und Wolfgang Glöckler ziehen im Schwimmbad ihre Bahnen. Ausdauernd, doch gemächlich, wie es sich für Senioren gehört. Und demnächst ist das Becken sogar beheizt. Sage noch einer, es gäbe keinen Fortschritt ...

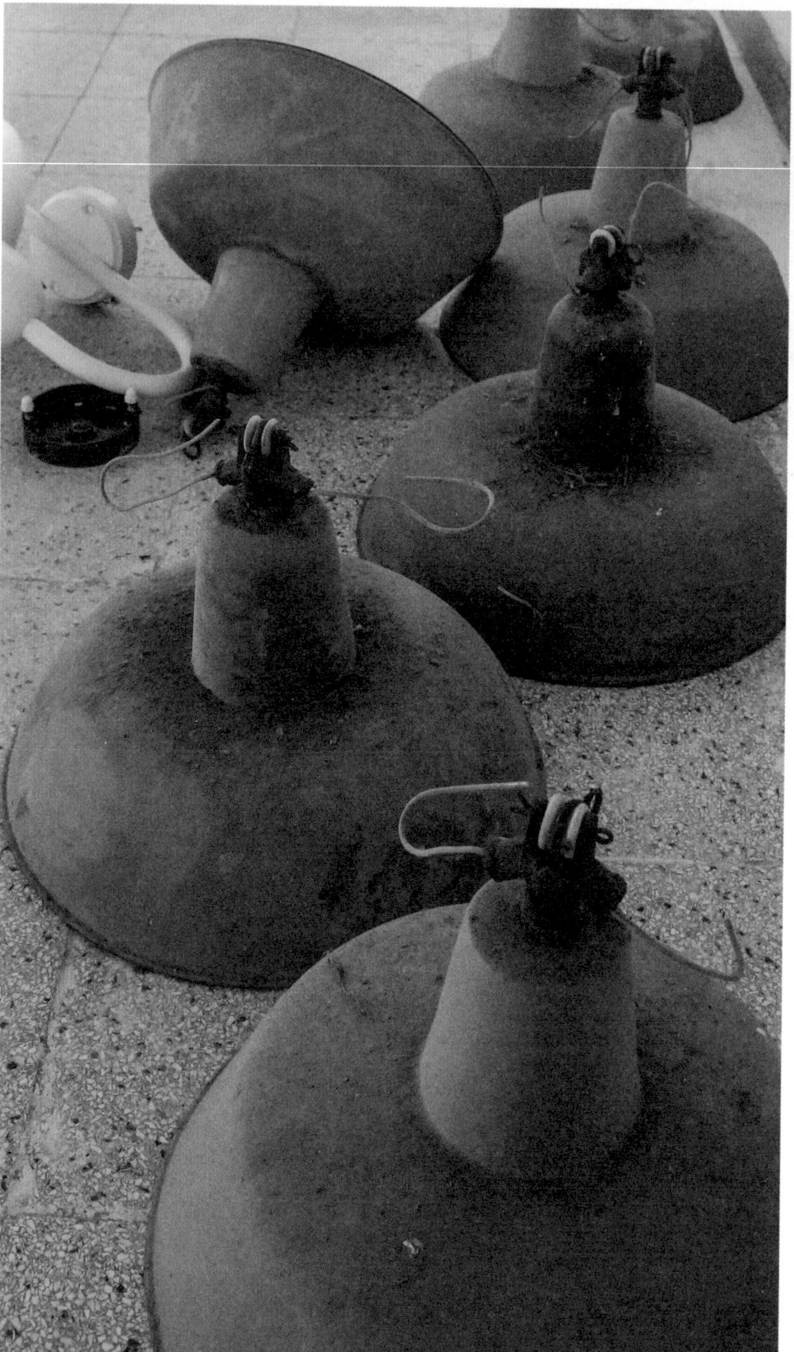

Tiefe 3,80 m

Rauchen verboten

P PERSONAL

1

Umkleideräume

Das Abstellen von Fahrrädern und Mopeds verboten

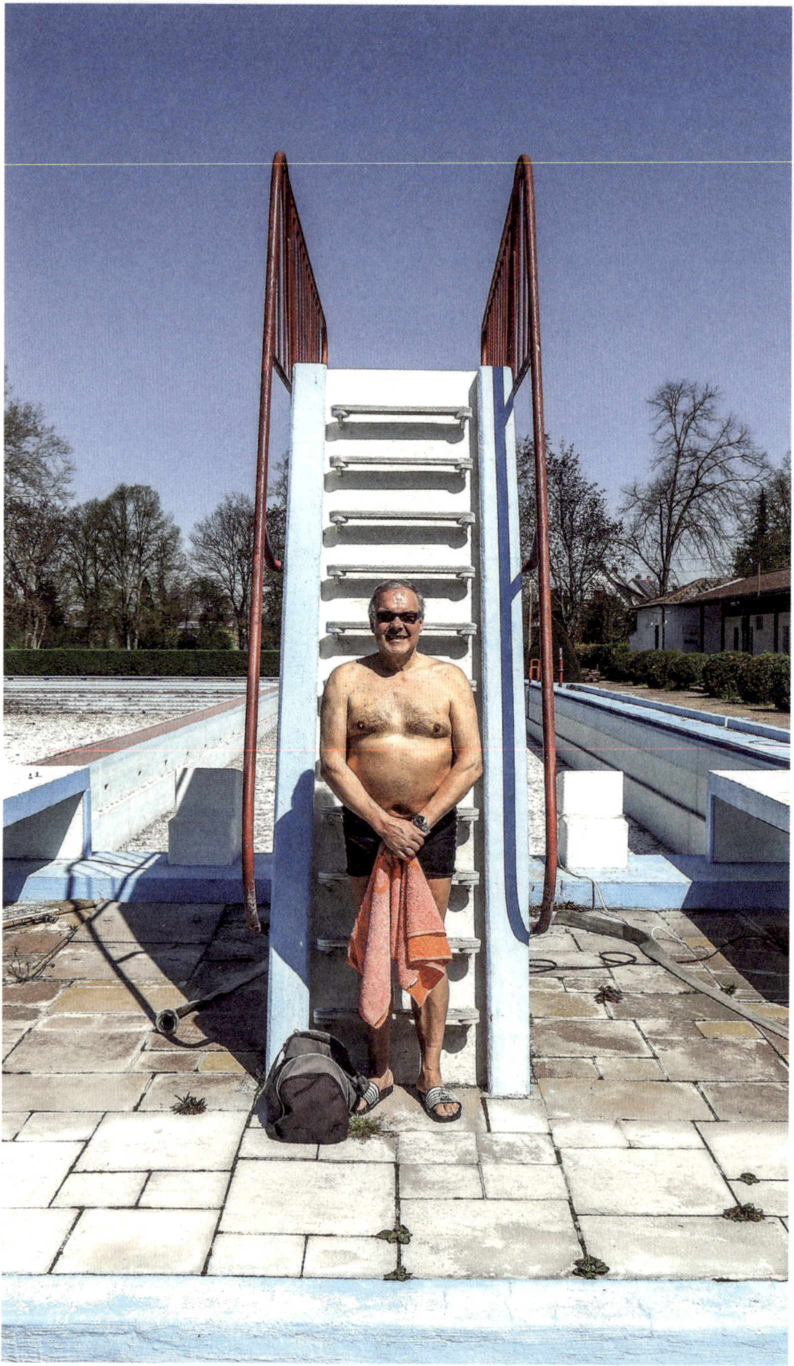

Wolfgang Glöckler
Immer eine kleine Sensation

Bekanntermaßen steigt der Wert von Dingen, ja sogar von Personen, wenn plötzlich jemand oder etwas fehlt. Wie sehr das ebenfalls für unbescholtene Freibäder gilt, wird erstmals Ende der Fünfzigerjahre offenbar ..., als das neue Oberderdinger plötzlich geschlossen hat. Mitten im Juli! Furchtbar!

Der Grund ist schnell erkannt, klingt in Verbindung mit einem Schwimmbad aber tatsächlich etwas skurril: Wassermangel. Ausgerechnet, wenn man das kühlende Vergnügen am dringendsten braucht, fällt es – nein, nicht ins Wasser, sondern einfach aus. Warten auf den nächsten Regen? Woher denn!

Die Jugend aus dem Umkreis sucht Trost und findet ihn auch in Gestalt zweier kleiner Seen. Jedoch, so ganz lässt sich die Schwimmfreude nicht vergleichen mit dem gewohnten Sporttreiben und Spieleerfinden im reinlichen Freibad. Denn: Steigt man empor aus dem Naturgewässer, gleicht man keineswegs der schaumgeborenen Aphrodite, selbst wenn sonst alle körperlichen Voraussetzungen dafür gegeben wären. Zahlreiche, auf jeden Fall viel zu viele Blutegel haben sich tief in die Haut gebohrt, und es bereitet niemandem Freude, diese in der Alternativmedizin so gepriesenen Tierchen wieder vom Körper abzupflücken.

Ein andermal, es muss ebenfalls Ende der Fünfzigerjahre gewesen sein, ist der Zutritt aus einem ganz anderen Grund verunmöglicht: Über 3.000 Besucherinnen und Besucher planschen im Wasser oder liegen dicht an dicht auf der Wiese. Geschlossen wegen Überfüllung! Was für eine Enttäuschung für diejenigen, die am Eingang abgewiesen werden. Ob sie wiederum den Weg zu den gesundheitsästhetisch bedenklichen Teichen suchen, ist nicht überliefert.

All dies beweist die überragende Bedeutung des Schwimmbads, dessen Integrations- sowie Identifikationsfunktion unbestritten ist. Ohne jede Überhebung, von Anfang an ist das Oberderdinger ein besonderes Bad. Schon bei der Einweihung lässt sich viel Ortsprominenz sehen; die Industriellen Karl Fischer und Heinrich Blanc dürfen Grußworte sprechen – sie haben ja auch genug gesponsert. Bürgermeister Karl Pfister hält eine Rede, in der nicht an Lokalpatriotismus und Zukunftshoffnungen gespart wird.

Und tatsächlich, der Ruf verbreitet sich schnell. Schicke Autos bringen schicke Leute. Die tragen sogar Sonnenbrillen und schwenken gepunktete Sonnenschirmchen und leben einen Müßiggang vor, wie der im ackerstolzen und gewerbefleißigen Umland noch nicht gesehen ward. Wer jetzt an Filme mit Liselotte Pulver, Horst Buchholz oder Peter Alexander denkt, geht ganz bestimmt nicht fehl. Die neue Zeit hat Kraichgau und Stromberg erreicht. Sie kommt sozusagen herbeigeschwommen.

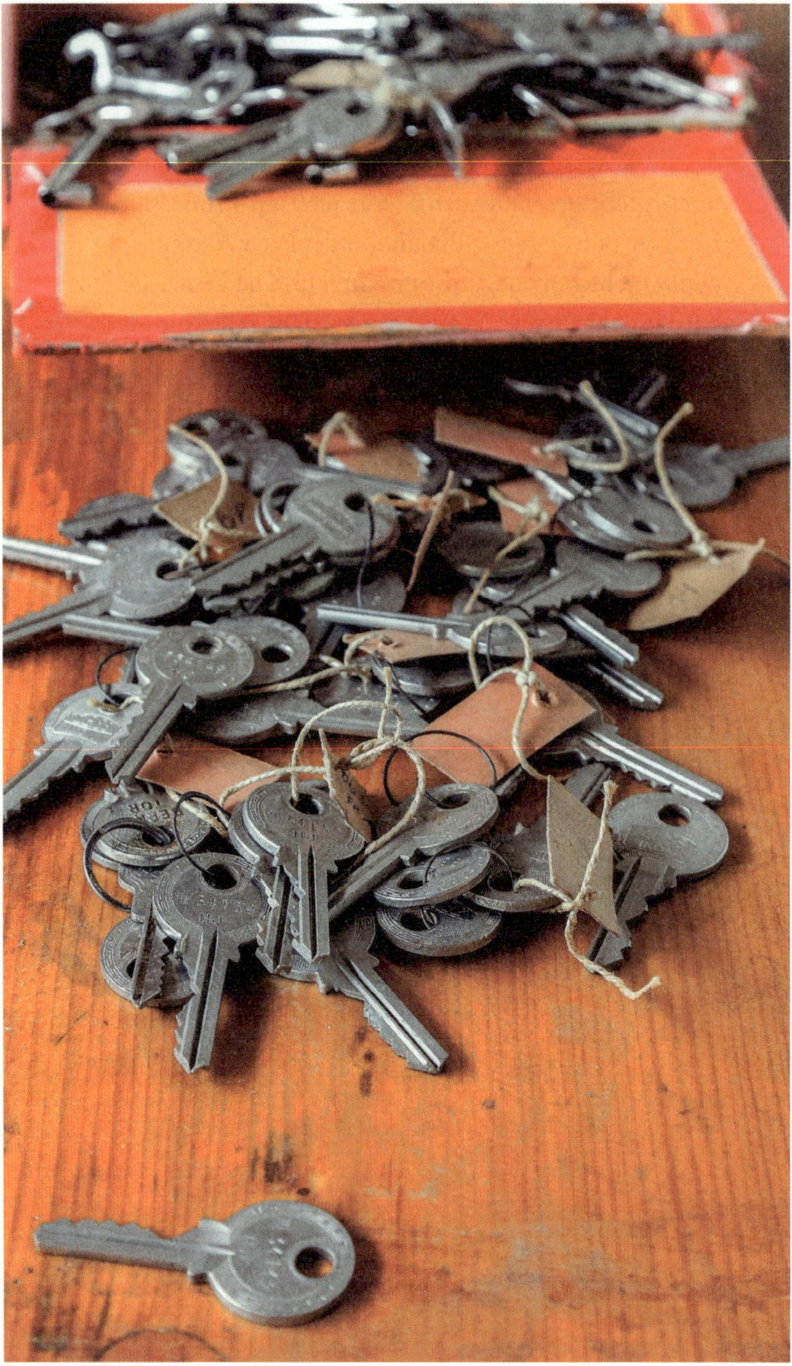

MIETE FÜR:
BADEMÜTZEN 1.00 DM
GARDEROBEN-
SCHRANK 1.00 DM

HS
Gardaroba

Kein Trinkwasser

Ursula Friedrich
Mein wunderbarer Wurstsalat

Die Impressionisten liebten das Wasser. Wie viele Badende haben sie gemalt, grünliche, bläuliche Reflexe auf den Leibern ... wie viele Sonnenuntergänge, Wasserpflanzen, Kahnpartien! Und immer dieses Farbenflimmern, diese Atmosphäre von Sonne und Musik, und deswegen lieben ja auch alle die Impressionisten. Nicht minder schätzten sie das Picknick, ausgebreitet auf den sommerlichen Wiesen. Denn da hatte man alles: weitschattende Weiden, Blumen und Sträucher, wunderschöne Damen in Kleidern aus Duft und selbstverständlich, im Hintergrund: immer das Wasser. Alle kennen Renoirs „Frühstück der Ruderer." Wie geschickt er den Blick auf das Wesentliche lenkt! Im Zentrum: die gedeckte Tafel mit allen Herrlichkeiten. Trauben liegen gehäuft, und es blinkt der Wein im Kristallglas.

Freilich, man kriegt das auch einfacher hin, darum nicht weniger köstlich! Denn wie wunderbar schmeckt das Essen, wenn man vorher tüchtig geschwommen ist. Man mag gar nicht mehr aufhören,

Christa Ebert, Carmen Bihn und Ursula Friedrich

die guten Dinge in sich hineinzustopfen, beständig ermahnt von den Eltern, voller Bauch schwimme nicht gern. Doch, tut er. Was für die Impressionisten der Picknickkorb, ist für die Bewohner des Freibads die Kühltasche. Und was steckt drin? Wurstsalat, saftig und gut gewürzt, dazu frisches Brot, danach Kuchen und Kaffee aus der Thermoskanne.

Irgendwer hat mal angefangen, die Liegewiese auf diese Weise zu bewohnen. Bald werden es mehr, und zuzeiten bekommt man den Eindruck, das ganze Oberderdinger Bad sei eine einzige Picknick-Gesellschaft. Es ist eine Art, im Schwimmbad zu leben; die eigenen vier Wände werden im Sommer nach außen geklappt, und die Wiese unter den Bäumen wird zum erweiterten Garten. Freundschaften entstehen, die ein Leben lang halten. Auch eine Ehe, so heißt es.

Zwischendurch verschafft man sich Bewegung. Die Männer gehen rüber zum Fußballspiel oder schauen das Hockenheim-Rennen. Die Kinder haben ihren eigenen Kopf, ihre eigenen Ideen und ihre eigene Weise, den Sommertag zu verbringen – oft, aber nicht immer zur Freude der Erwachsenen. Auf einmal ist der dreieinhalbjährige Sohn verschwunden: größtmöglicher Schreck für alle Eltern! Doch da steht er schon: auf dem Ein-Meter-Brett ... feixt und springt sogleich zum Entsetzen aller tatsächlich ins Wasser. Selbstverständlich ohne schwimmen zu können. Wie ein junger Hund paddelt er überwiegend unter Wasser, erreicht das Ufer und steigt doch tatsächlich die Stufen von alleine wieder hoch. Und holt sich seine Schimpfe ab. Bademeister Karl Brox, beliebt, aber doch mit der nötigen Strenge ausgestattet, erhebt den Zeigefinger. Nach langen Jahren wird er umziehen, Nähe Heidelberg. Der Kontakt bleibt bis zu seinem Tod erhalten.

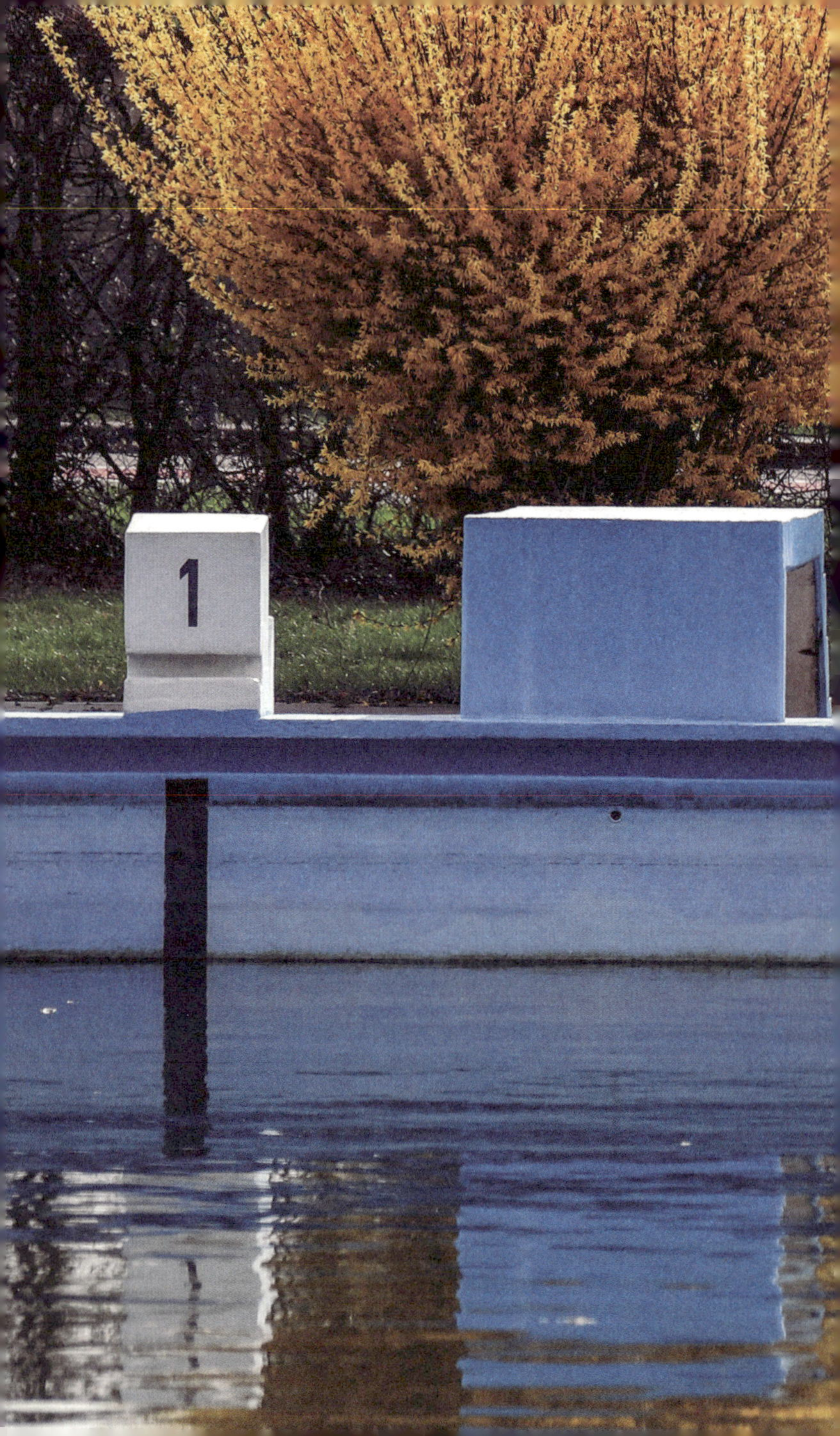
1

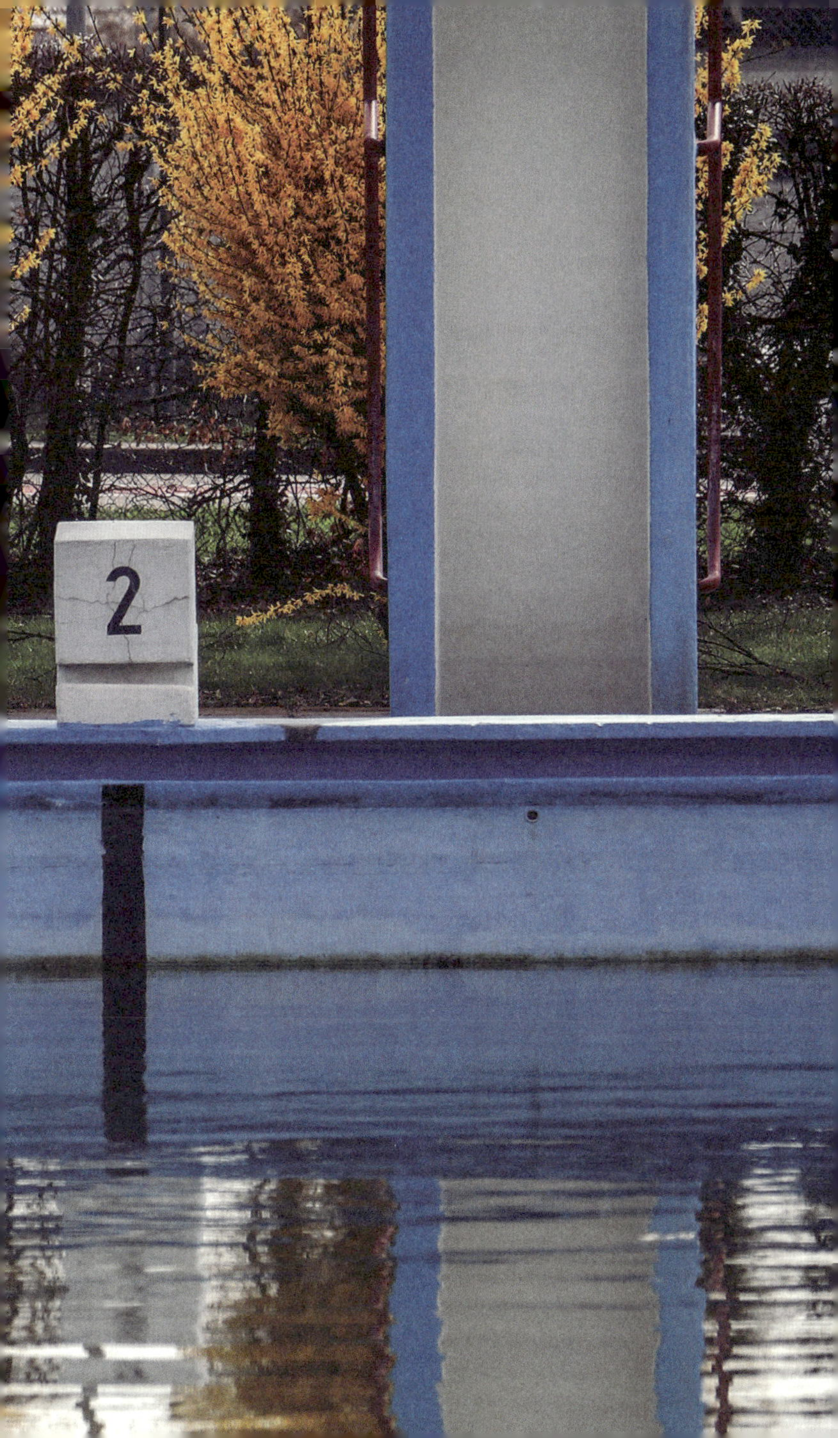
2

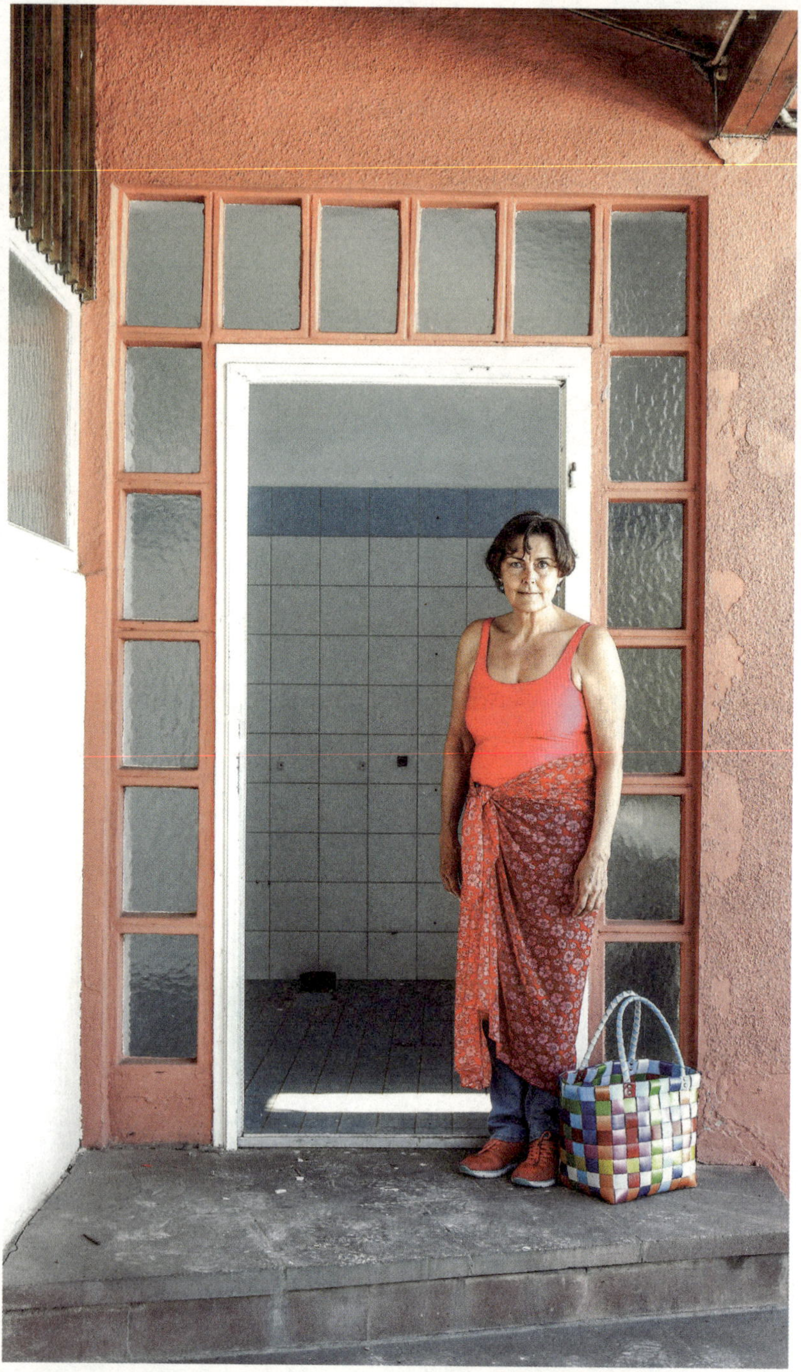

Ingrid Glöckler-Friedrich
Wenn es regnet, geh ich auch ...

Diese Idylle! Die Bäume, wenn sie triefen. Wenn das Schwimmbad ganz leer ist. Die Wiese knatscht unter den Füßen, so vollgesogen hat sie sich von tagelangen Regengüssen. Dabei ist es gar nicht so kalt. Nur ein bisschen ungemütlich – wenn man das ungemütlich findet: den in fünf Grautönen gleichmäßig maserierten Himmel, dieses unablässige Herniederseien der Regenfäden. In einem Schloss-Erker bei dampfendem Tee, den Kamin vor den Füßen, finden's die Leute ja auch recht heimelig. Man muss das umdrehen im Kopf: draußen ist es sowieso nass – ein Segen für die Felder, sagen die Bauern. Und drinnen, im Becken? Na also! Warum zurückschrecken? Kriegt man die doppelte Portion!

Der Ort ist wie verzaubert, wenn man das Zauberwort kennt. Wie die vor unvordenklichen Zeiten von Muskelkraft und Handwerksgeist geschaffenen Gebäude des Amthofs die Farbe verändern! Jetzt, wenn sonst keiner unterwegs ist, könnte jeden Augenblick ein Mönch in seiner Kutte vor das Tor treten. Immer weiter, die Mauer entlang. Wie herrlich es von den Büschen perlt! Dann durch die Gärten.

Welcher Frieden. Alle bekommen, was sie brauchen: die Gräser, das Gemüse, die Ziersträucher: Wasser! Eine leise, stetige Melodie liegt über der Pflanzenwelt. Davon sollte man lernen. Und dort vorn ist schon der Eingang.

Schwimmbäder sind toll (oder sollten es doch sein) für alle Kinder. Wenn aber eins gehbehindert ist, sich nicht so flugs fortbewegen kann wie die anderen, ist das eine andere Sache. Polio: eine Schreckensdiagnose für Tausende! Aber das Wasser verwandelt. Vielleicht nicht so plötzlich wie es die Märchen erzählen: Jungbrunnen, Heilquellen, verhexte Teiche. Aber es zeigt sich, sobald man darinnen ist, eine eigene Wirkung: Man schwebt. Bewegt sich mühelos, wenn man's gelernt hat. Und ist genauso schnell wie die andern. Mindestens!

Was ist nur passiert in der Zwischenzeit? Warum zieht es die Kinder nicht mehr so – magisch – wie früher ins Schwimmbad? Man muss etwas tun, etwas Neues schaffen, damit auch die nächste Generation kapiert, was hier verpasst werden könnte. Darum sammeln wir Spenden für die Rutsche. Spenden sammeln ist schwer in diesen Zeiten, aber wir geben nicht auf. Nie! Das hat unsere Generation gelernt. Sehr gerne würden wir der nachfolgenden etwas davon vermitteln. Lassen wir dazu Ingrid Glöckler-Friedrich das letzte Wort. Es ist ihr erstes, als sie auf das Schwimmbad Oberderdingen zu sprechen kommt: *"Ich bin ja sehr, sehr, sehr verbunden mit dem Freibad!"* Das klingt schon fast wie ein Schlager, gesungen von Jürgen Marcus oder Ireen Sheer, mit einer fetten Big Band im Hintergrund. Aus der guten Zeit des Deutschen Schlagers. Als die Leute noch alle ins Freibad gingen. Wirklich alle. Oder jedenfalls fast alle. Wir sind zuversichtlich. Gerade trat Enkelin Malia in die Welt – die nunmehr dritte Generation im Schwimmbad Oberderdingen. Der neue Kinderbereich kommt also gerade zur rechten Zeit …

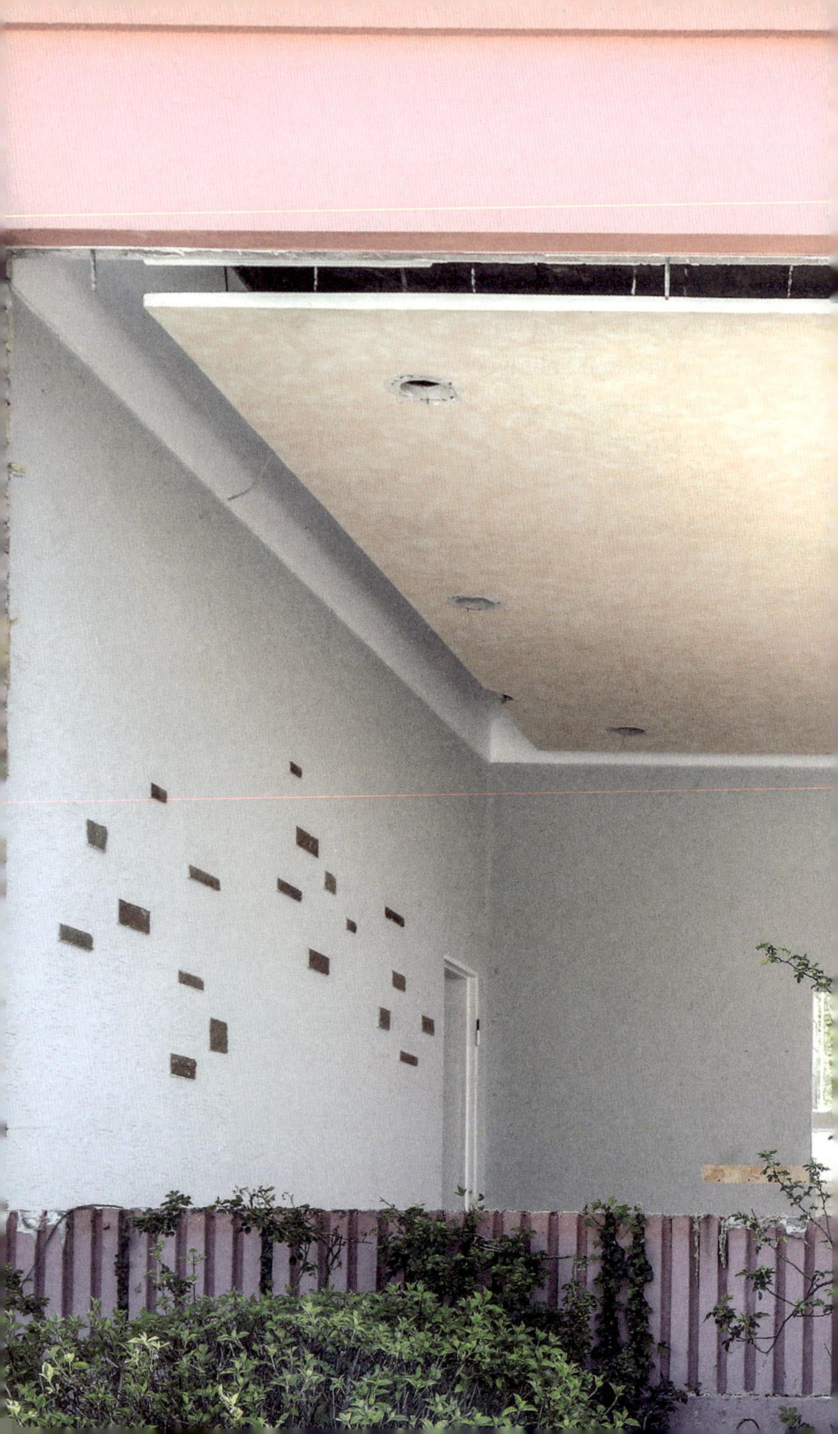

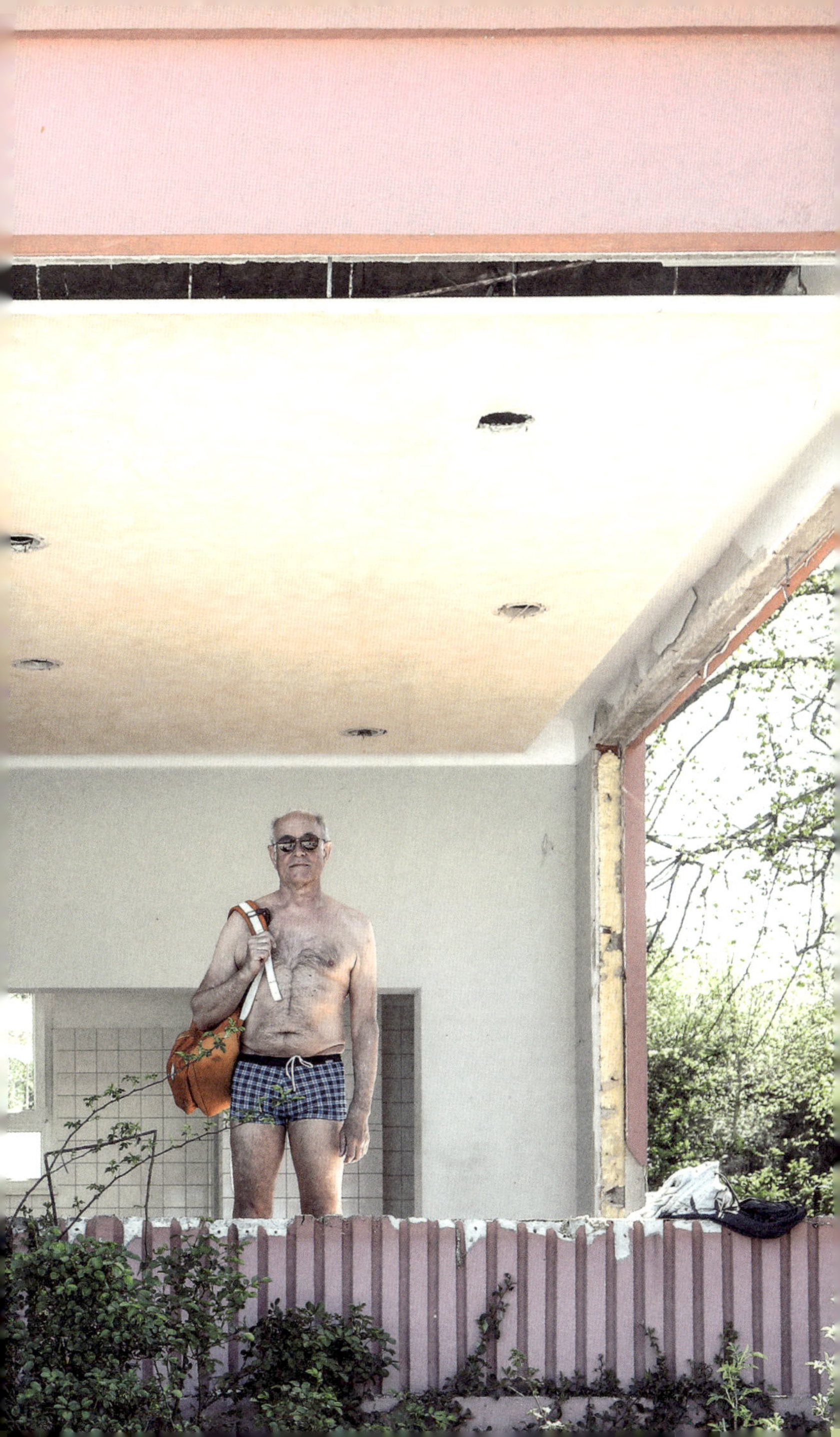

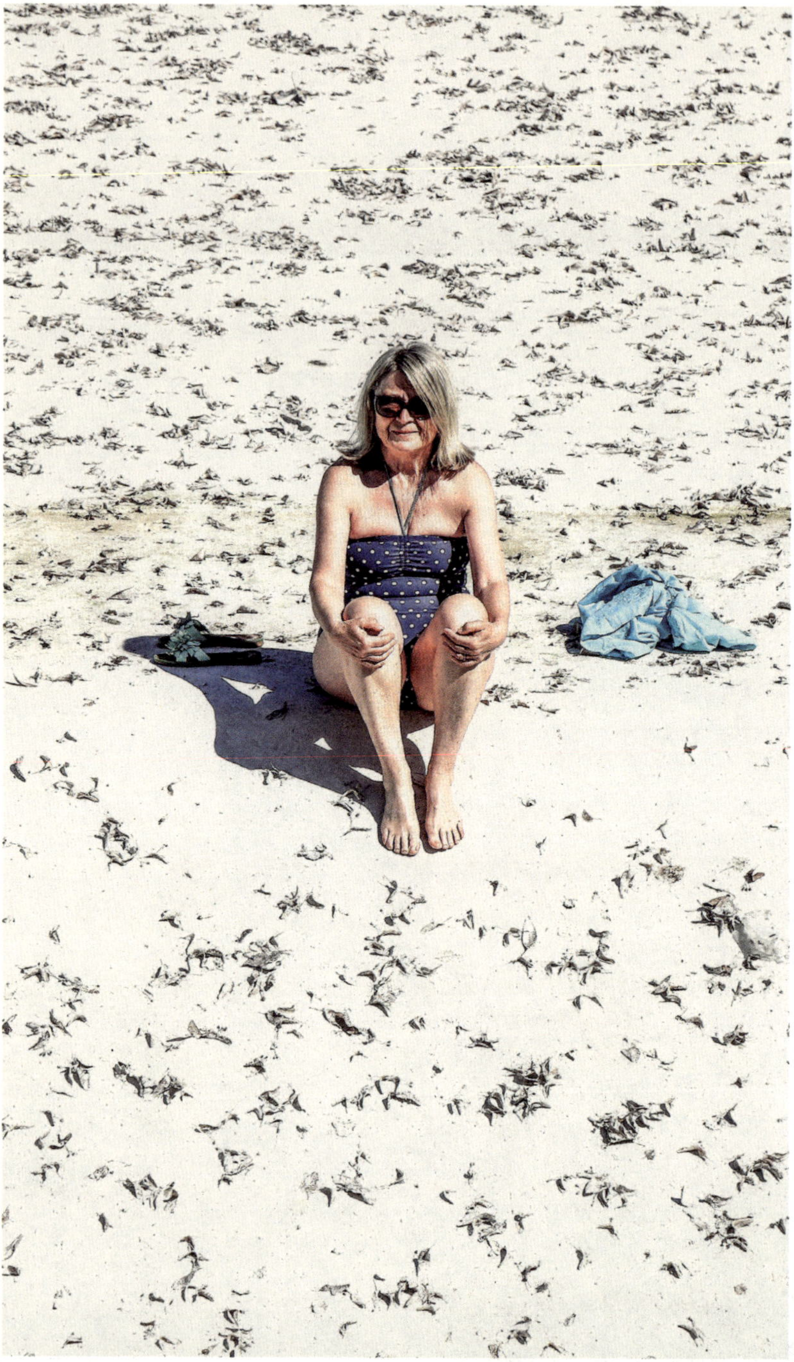

Maria und Rudi Heim
Vom Sprungturm

Früher ging ja alles viel strenger zu. Die Eltern waren noch echte Respektspersonen, die Lehrer gleich gar, und wenn der Herr Pfarrer um die Ecke bog, dann fielen einem gleich alle Sünden ein. Früher war ja alles viel lockerer. Sogar im Schwimmerbecken, wo gediegene Herrschaften ihre Bahnen zogen, spielte man Eck- oder Wasserfangen, und kein Bademeister schritt ein. Nicht einmal, wenn jemand vom Dreier hüpfte, gab es ein Warnsignal. Man musste eben nur zusehen, dass man niemanden wegbombte, beziehungsweise die Schwimmenden achteten sowieso darauf, und so verstand man sich (bis auf Ausnahmen), und kein Mensch rief nach Polizei und Staatsgewalt.

Ach, der Sprungturm! Höchste Freude für die Waghalsigen, denen keine Variante zu gefährlich, kein Bauchplatscher zu schmerzhaft war. Spezialisten gab es, die machten es sich zur Aufgabe, ihre gesamte Energie bei gleichzeitiger perfekter Körperausdehnung so zu bündeln, dass drunten eine Fontäne entstand, deren Höhe die des Turmes nach Möglichkeit übertraf, und eine Springflut nach allen Seiten losbrach, die das Badewasser schier aus der Betonwanne zwang. Tatsächlich, ab und zu lief das Becken über, und einige Verwegene, die Gefallen an solch mutwilligem Treiben fanden, spendeten Applaus.

Der Bademeister Winkler, ohnehin die Güte selbst, regelte den Schwimmverkehr mit unantastbarer Souveränität; die Kunst, genau abzuwägen, wann ein Einspruch nötig sei und wann übertrieben, beherrschte er wie kein anderer. Sein Nachfolger Brox waltete in aufrührerischeren Zeiten, da musste man schon manchmal deutlicher durchgreifen ... und es ist ja schließlich nicht nötig, dass die Weltrevolution ausgerechnet vom Oberderdinger Schwimmbad ihren Ausgang nimmt, nicht wahr?

Was die Kleinen und Kleinsten anbetrifft, die wurden noch nicht so lückenlos umsorgt wie das später von empfindlicheren Eltern eingefordert wurde. Das Wasser im winzigen Kinderbecken war nicht weniger eisig als bei den Großen, außerdem gab es da scharfe Kanten, und es war ziemlich glatt, so dass von Zeit zu Zeit hohes Quietschen oder rüstiges Fluchen vernehmlich wurde – Letzteres, wenn Mami oder gar Papi ausgeglitscht und (bestenfalls) auf dem Hintern gelandet war.

Dies sind die Schwimmbadgeräusche, die in Erinnerung bleiben: das dumpfe Aufklatschen der Turmspringer, die erregten Rufe der Wasserfangen-Spieler und das periodisch auftretende Kreischen aus dem eiskalten Kinderbecken ...

Übrigens ist nun alles anders und natürlich besser: Die Springer haben ihren eigenen Bereich, den Kindern wird viel mehr geboten. Tja, und Eckfangen spielt sowieso schon lange niemand mehr.

3	4	5
u 11	gefunden 12	13
u 19	20	21
27	28	29
35	36	37

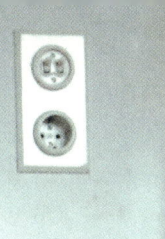

6	7	8 Joshua
14	Lisa 15	16
22	David 23	24
30	tim 31	Papa 32
38	Marwin 39	40

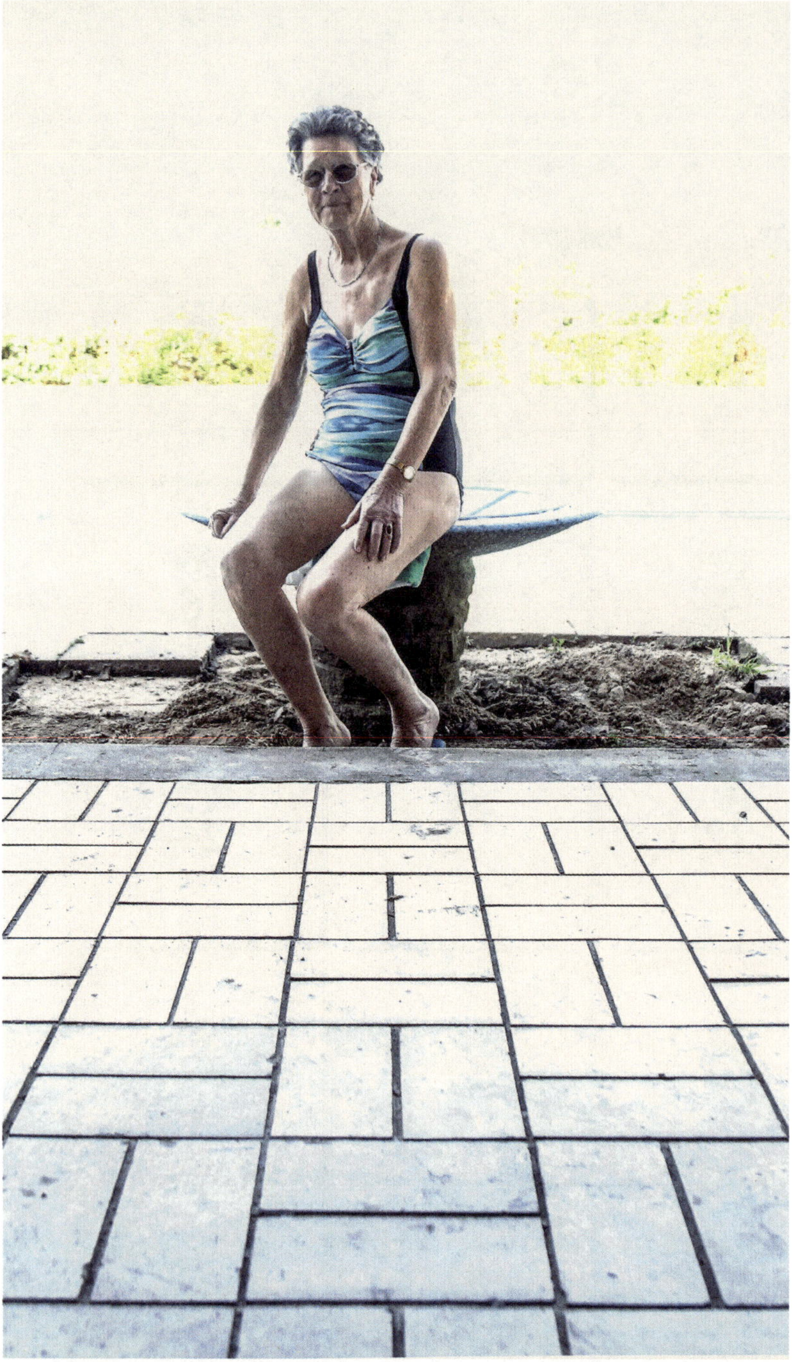

Christel Klein
In der Gesellschaft der Sonne

Die meisten brauchen Anleitung. Die wenden sich an mehr oder weniger östliche Meister, um die Kunst der Meditation zu erlernen. Das kostet natürlich, man muss immer machen, was andere einem sagen, und immer bleibt da diese Abhängigkeit, der Gruppendruck, die Vorschrift. – Es geht auch anders. Selbstbestimmt, individuell! Zum Beispiel mittags zwischen zwölf und zwei. Vor dir: die glitzernde Fläche. Leer. Sanft bewegte Wellchen. Es ist wohlig warm. Und es duftet nach Blüten. Die Wasseroberfläche weit wie ein Weizenfeld Anfang März, wenn die Lerchen aufsteigen. Mit Bedacht näherst du dich. Ohne Hast, ohne zu zögern, im immer gleichen Tempo steigst du die Stufen hinab.

Oh ja, in der Tat, es ist kalt, dieses Element. Darum: nicht anhalten, einfach weitermachen. Nicht darauf achten, was die Hüfte meldet: „Bist du wahnsinnig? Du kannst doch nicht ..." Doch, du kannst. Und du wirst. Denn jetzt bist du schon drin. Einmal, ein einziges Mal beschleunigst du: die ersten zwei, drei Längen, dann geht's schon. Der Atem beruhigt sich wieder. Flugs habt ihr euch aneinander gewöhnt, du und das Wasser. Miteins schwindet die Empfindung leisen Schmerzes, ausgelöst von dem beträchtlichen Temperaturunterschied. Und dann schwimmst du. Stet. Bedächtig. Ohne nachzudenken. In Ruhe. Auf eine ganz bestimmte Weise ist das sogar amüsant.

Gelobt seien die Morgenschwimmer, die das Bad längst verlassen haben. Jetzt bist du dran. Niemandem ausweichen. Kein Geplapper. Denn du hast Lust, ganz für dich zu sein. Keinen grüßen müssen. Nicht mal eine Bemerkung übers Wetter: Schön heute, nicht? Aber morgen soll's ja ... Egal. Es ist, wie es ist. Und jetzt noch eine Bahn. Und noch eine. Seit Eröffnung des Schwimmbads in den Fünfzigern war das so. Und blieb bis zur Schließung. Nur die Bahnen wurden weniger. Fünf reichen auch. Nach der Wiedereröffnung startet alles neu. Mit einem erwähnenswerten Vorteil: Das Becken ist dann beheizt. Man muss sich ja nicht mehr quälen mit über achtzig. Man darf ruhig auch einmal eine Annehmlichkeit annehmen, warum denn nicht?

Bleiben wird auch der Vorgang des Trocknens. Die Sonne macht das von alleine. Gut macht sie das: Von Sekunde zu Sekunde verschwinden die Perlchen von der Haut. Und irgendwann durchströmt das Gefühl der Wärme den ganzen Körper. „Sagen Sie mal, wo waren Sie denn im Urlaub? Sie sind ja so schön braun!" Was für eine Frage. War Siddhartha Gautama auf Malle? Na also! Echte Meditationskünstler fahren nicht in Urlaub, sie bleiben sitzen, wo sie sitzen. Still. In Frieden. Auf einem Felsen überm Tal. Oder im Freibad auf einer Bank, in Gesellschaft der Sonne.

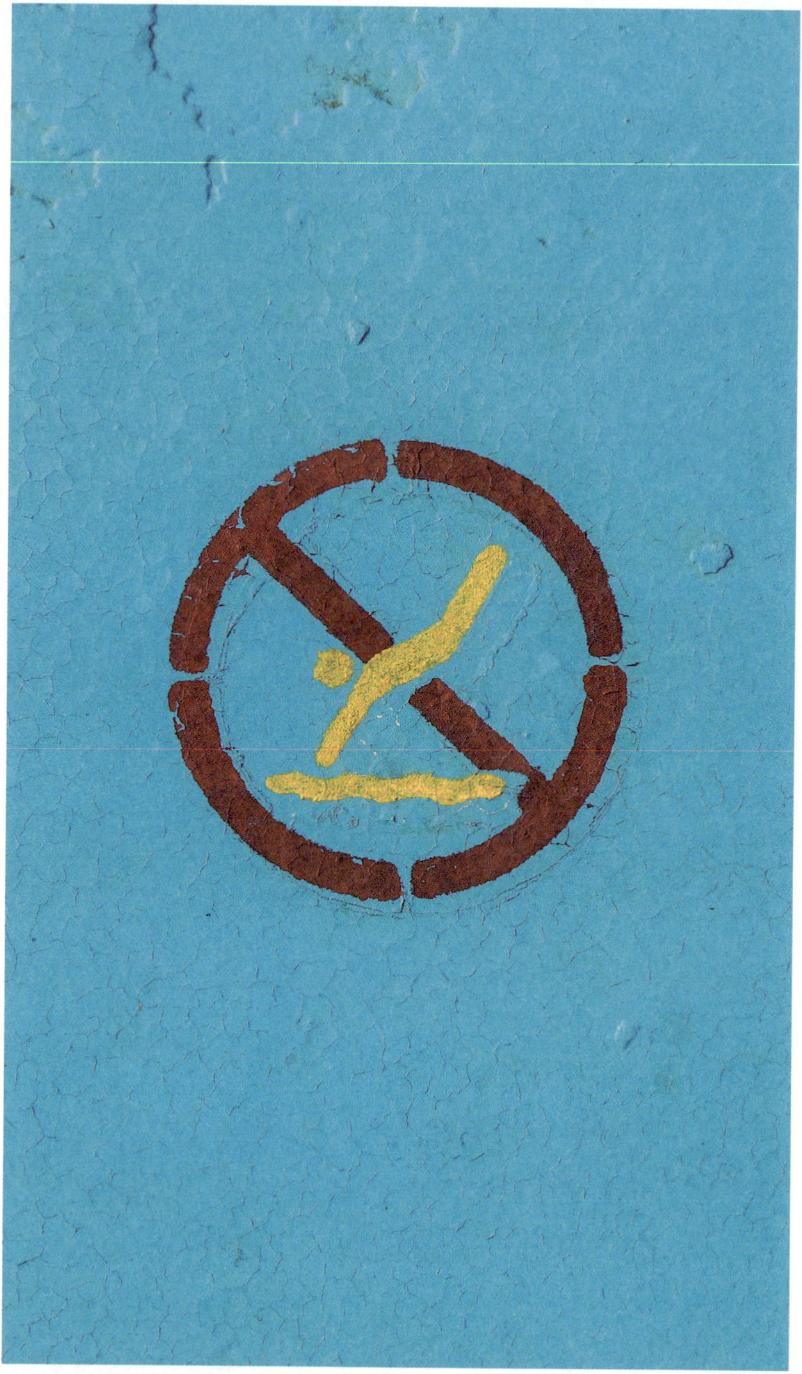

**Chlorungsanlage
Zutritt nur für unter-
wiesene Personen**

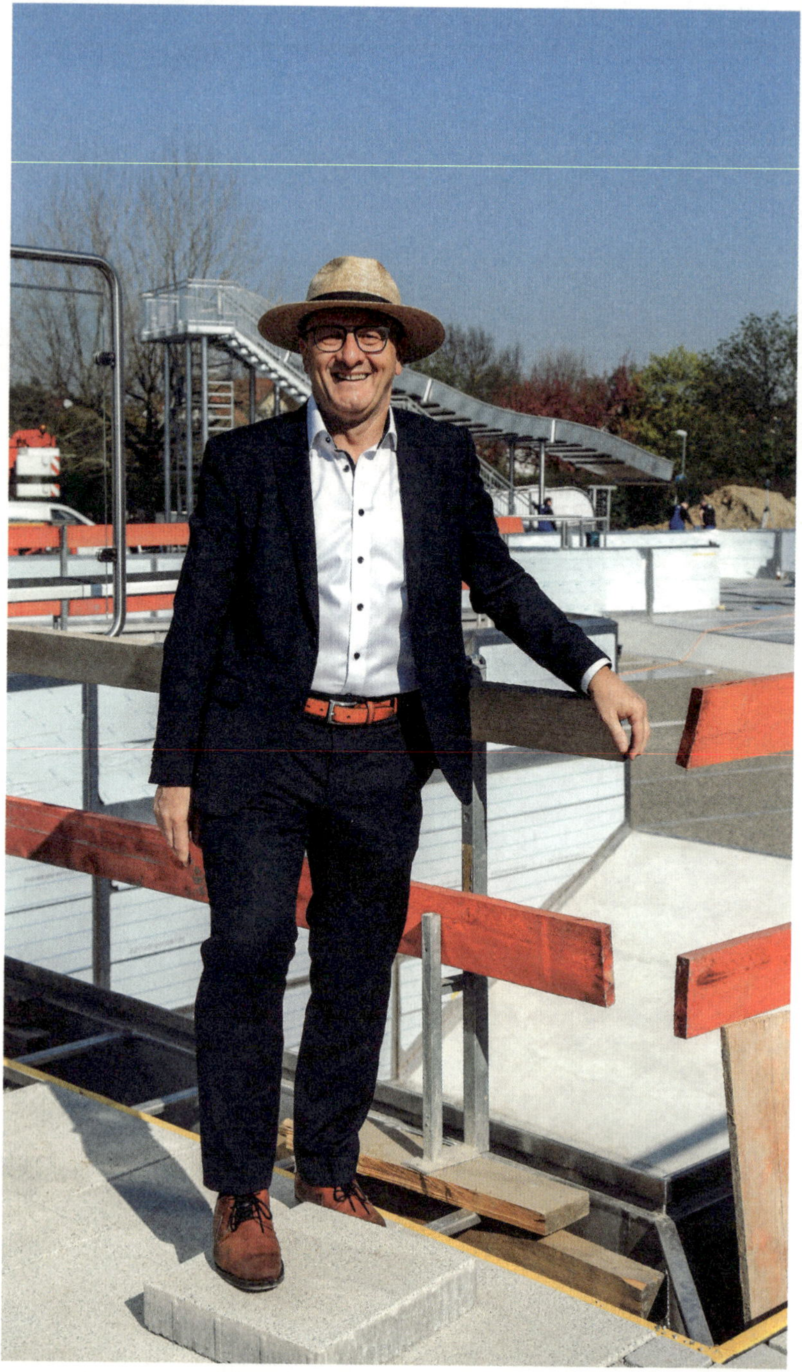

Thomas Nowitzki
Eher Bader als Schwimmer

Wollte man Schwimmbädern einen bestimmten Charaktertyp zuschreiben, so wäre das Oberderdinger ein Flaneur, der an einem nicht zu heißen Sommertag geruhsam seine Runde zieht. Freilich, es gibt auch andere, richtige Knicker, wo man sich zwischen schattenlosem Betonplatz und viel zu engem Becken bestenfalls das Knie aufschlagen kann. Oberderdingen aber zeichnet sich seit jeher durch seine Weitläufigkeit, seinen freien, parkartigen Charakter aus. Dankbar sollen wir der Generation sein, die nicht nur das staunenswerte Wagnis einging, gerade einmal zehn Jahre nach dem Zweiten Weltkrieg ein Freibad von solchen Dimensionen zu schaffen, sondern auch noch so viel geistige Offenheit und ästhetischen Spürsinn besaß, prachtvolle Bäume zu pflanzen, unter deren Schatten wir uns bis heute erholen.

So unterschiedlich die Bäder, so unterschiedlich ihre Besucherinnen und Besucher. Da sind die stets Eiligen, bei denen Eintreffen, Umkleiden, Bahnenschwimmen und wieder Abrauschen in mehr oder weniger einer Bewegung geschehen. Da sind die Modellathleten jeden Alters, die mit bewunderungswürdigem Stoizismus Kilometer um Kilometer abspulen. Und da ist der Bürgermeister, der die Erfrischung des Wassers genießt, mindestens aber ebenso sehr den Kommunikationswert. Man unterhält sich ein bisschen, schwimmt eine Runde, trifft jemanden und unterhält sich, geht über die Wiese, trifft jemanden und so fort ... Auf diese Weise wird der Schwimmbadbesuch zu einer Mischung aus Parkspaziergang und Aufenthalt in einer Besenwirtschaft. Auch schön.

Man mag es sich nicht vorstellen, aber im Leben eines Bürgermeister gibt es stets ein Davor und fast immer auch ein Danach. So kommt Thomas Nowitzki bereits mit 15 Jahren in Gesellschaft der Knittlinger Fußball-Equipe nach Oberderdingen – Aufenthalte im Schwimmbad sind da obligatorisch. Anfang der 1980er und bis in die 90er hinein besucht er das Freibad, immer zu Fuß, fast immer mit seinen Töchtern. Die Gattin ist Sportlehrerin, bringt Zahllosen auch hier das Schwimmen bei. Eine gewachsene Verbundenheit also.

Und wie geht es weiter? Neue Zeiten, neue Bedingungen. In jeder Hinsicht sind die Anforderungen gewachsen. Junge Bademeister wollen auch mal im Sommer Urlaub machen, auch tun sie nicht mehr Dienst wie einst Karl Brox, der mitunter von 7:00 bis 21:00 Uhr durchgängig zuständig war: für bis zu 2.500 Schwimmfreudige! Die gigantische Überstundenzahl hat er dann gewöhnlich im Winter abgebaut. Eine Work-Life-Balance gilt inzwischen auch für solche Berufe.

Im neuen Schwimmbad ist vor allem der Kinderbereich stark aufgewertet. Kostengünstige Angebote werden bleiben: die Familienkarte oder die 10er-Karte (neu). Und die Bäume natürlich, mit kühlendem Blätterdach über der Liegewiese.

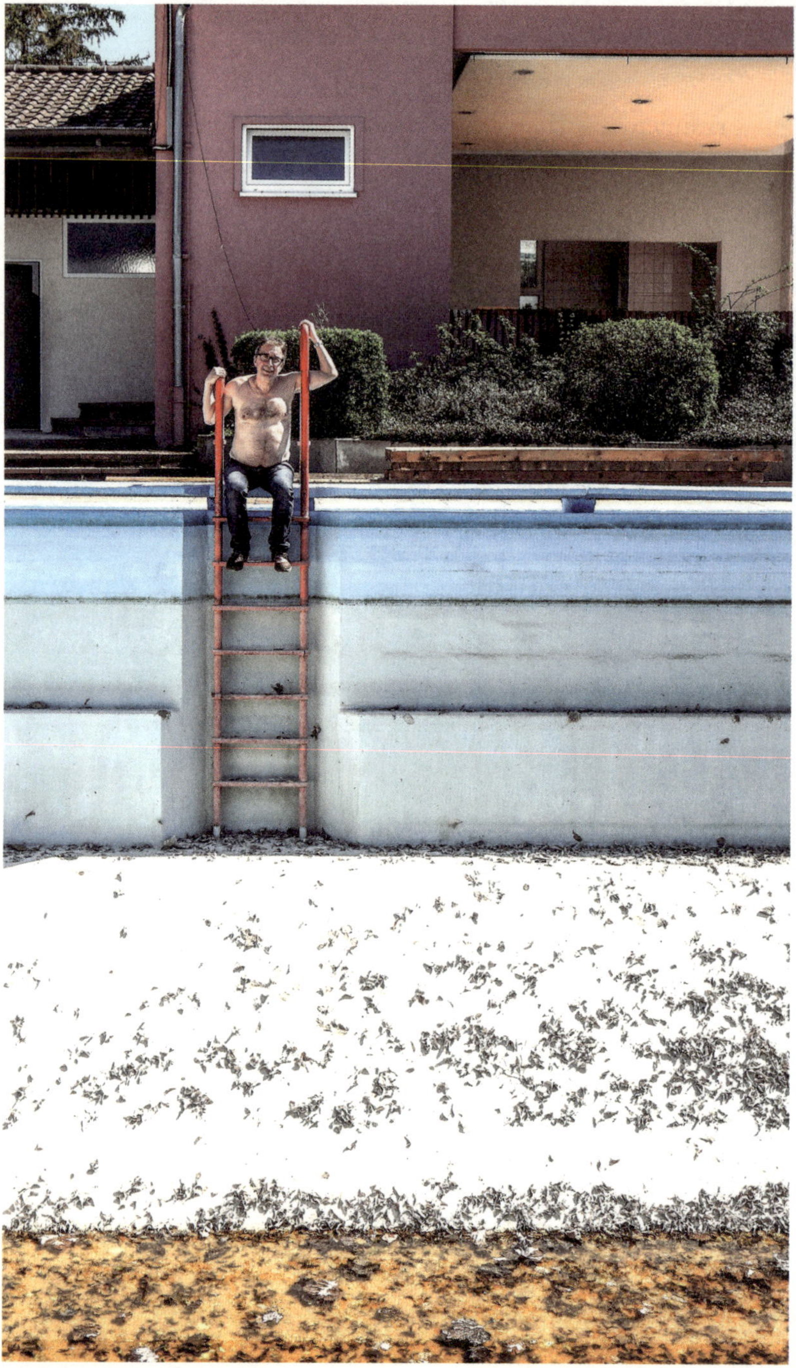

Alfred Woll
Der verlorene Ehering

Es dürfte wohl keinen Ort geben, wo so viel verloren wird wie im Freibad. Nein, nicht mal die Kirmes oder die Disco. Ganz weit oben rangieren wohl Schlüssel: Fahrradschlüssel, Wohnungsschlüssel, Haustürschlüssel ... und das gibt meistens Ärger, denn die Eltern stehen da gar nicht drauf. Ein Buch wäre zu schreiben über all die Klagen, Vorwürfe, Schimpfattacken, die abhanden gekommene Schlüssel ausgelöst haben, es wäre ein dickes Buch, ein voluminöses! Aber auch Bücher kann man verlieren. Und Geld verschwindet mitunter, sogar Badebekleidung, wobei man bei beidem nicht sicher sagen kann, ob das dann ganz von alleine geschehen ist ... Klassisch sind Turnbeutel, Tüten voller Handtücher und Pausenbrot, wobei die auch manchmal wieder auftauchen, in der hoch erhobenen Hand des Bademeisters. Der mahnend das Haupt schwenkt.

Mittlerweile rangieren auch Handys auf einem der vordersten Plätze. Manchmal kann man sie anrufen, mit einem anderen Handy, wenn sie nicht gerade stumm geschaltet sind, und so hat man vielleicht eine Chance. – Kaum eine oder eigentlich gar keine Chance hat man bei Schmucksachen. Halsketten, Fußkettchen, Ohrringe, ja überhaupt Ringe: kaum abgerutscht, abgelegt, abgestreift – weg sind sie. Von einem auf wundersame, märchenhafte Weise wieder gefundenen Ring berichtet Alfred Woll, den wir gleich selber zu Wort kommen lassen wollen. Der Mann ist Lehrer, der kann das. Aber er ist auch der unverzichtbare Organisator der Freibadfreunde, und ohne die wäre das Oberderdinger Bad nicht, was es ist.

Alfred Woll stehe exemplarisch für all jene, die sich unermüdlich für den Erhalt, die Renovierung, den Wiederaufbau des Schwimmbads engagieren. Wo auf Erden bitte schön wird der Geburtstag eines öffentlichen Freibads Jahr für Jahr gefeiert? Wir fanden das bemerkenswert und so originell, dass wir im Anschluss die legendäre Begrüßungsrede des Ehrenamtlichen zum 50. Jubiläum mitliefern. Doch nun zurück zum Ring. Bitte schön, Herr Woll!

„Als Helfer beim Freibadfest trug ich Eimer mit Frittierfett auf der Freibadwiese. Abends bemerkte ich, dass die dünnen Tragehenkel meinen Ehering abgestreift haben mussten. Viele Freunde und Helfer suchten mit mir diesen Ring im Gras – vergeblich. Dieser persönliche Verlust warf für mich und meine Frau einen Schatten auf den sonst so gelungenen Festtag.

Umso erfreulicher war drei Monate später ein Anruf von Bademeister Wolf, dass er einen Ring mit der Inschrift ‚Beate' beim Beckenreinigen gefunden habe. Da ich am Festtag nicht im Wasser war, ist es heute noch ein doppeltes Wunder, wie, erstens, der Ring ins Becken kam und zweitens auch noch gefunden wurde!"

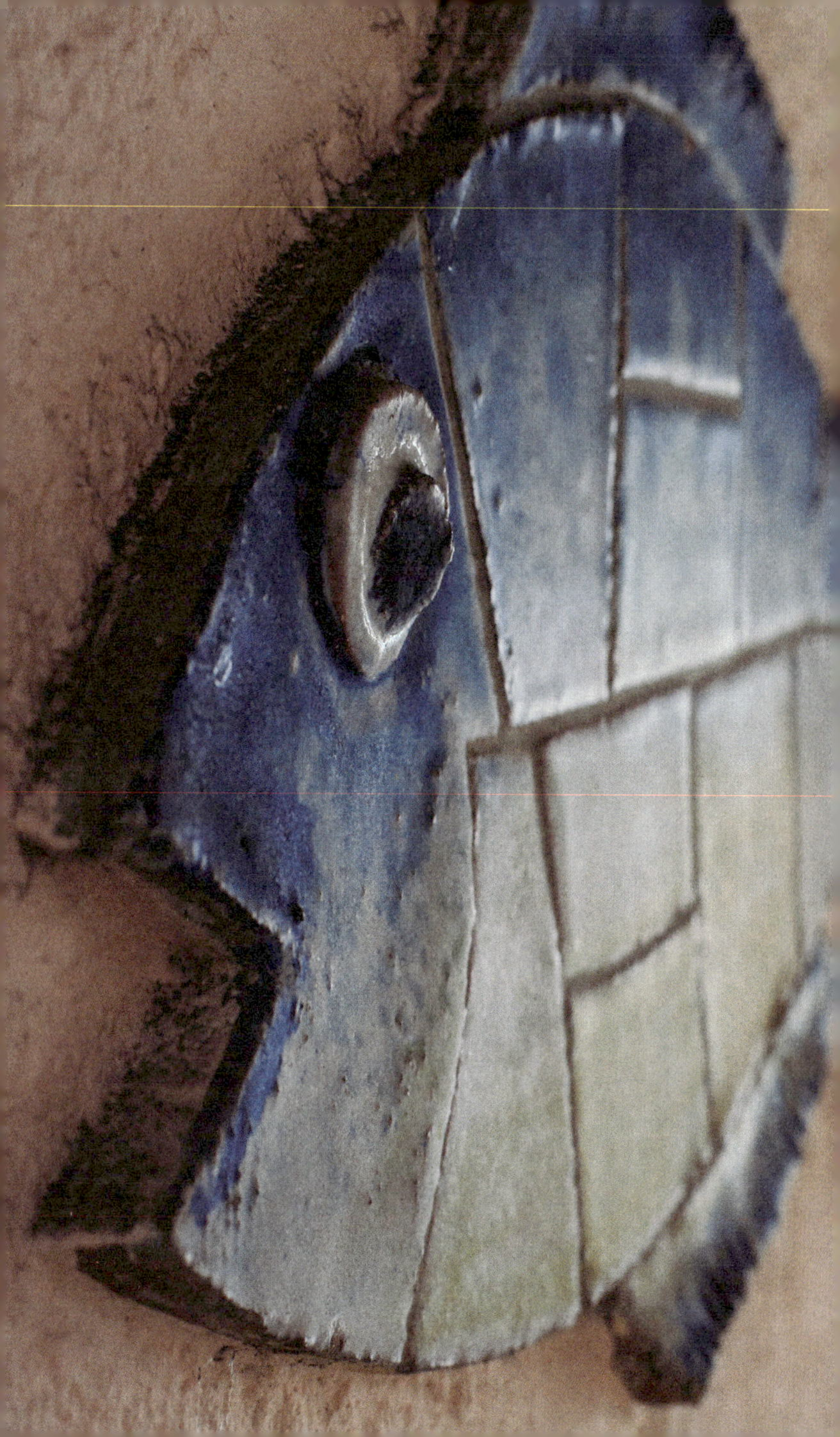

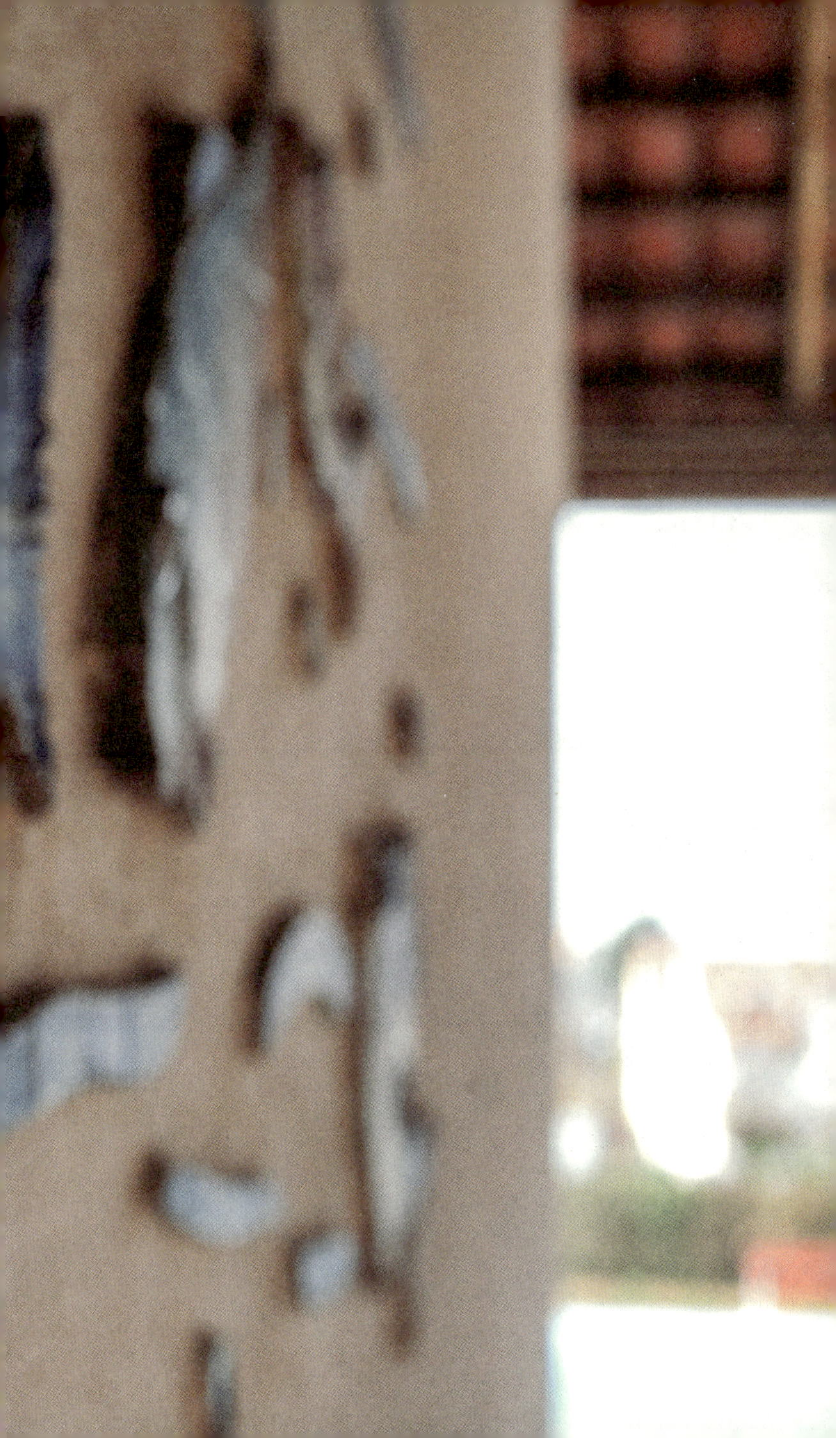

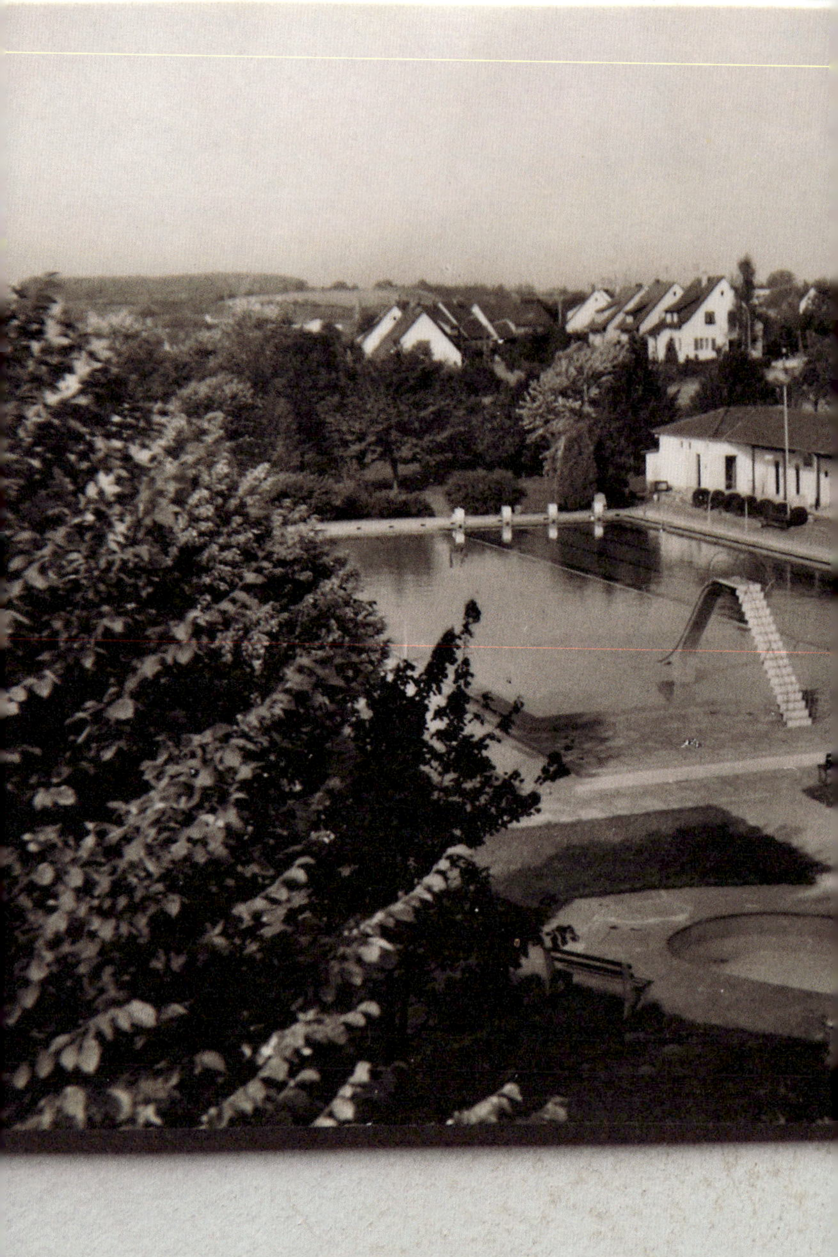

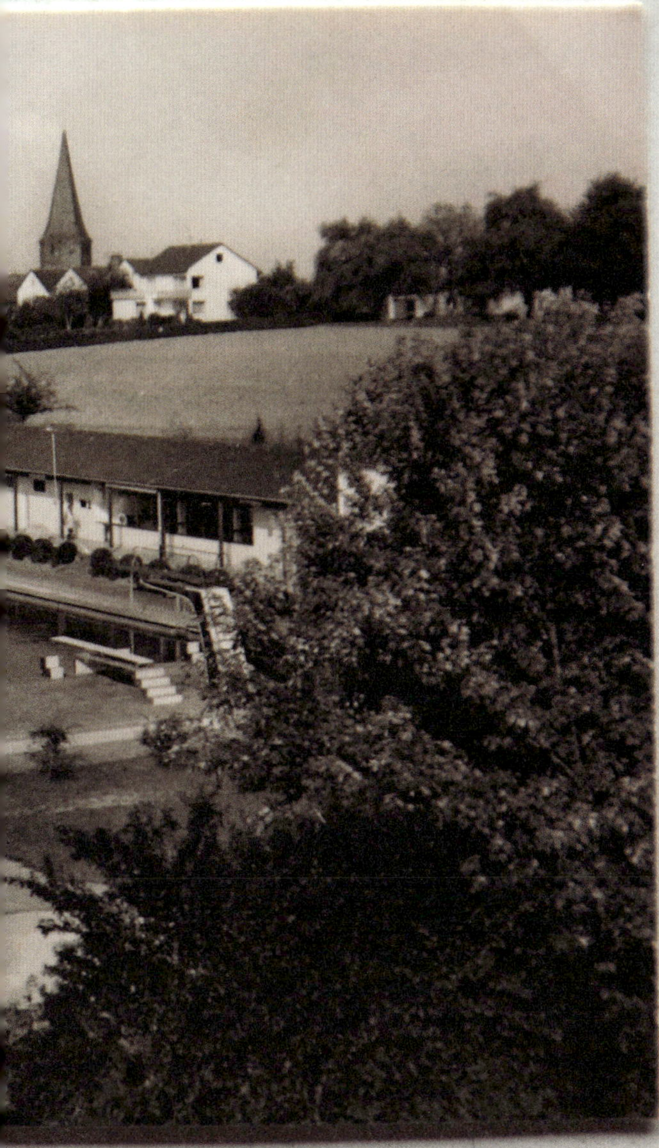

Bei der Einweihung des Oberderdinger Freibads durch den Musikverein waren auch die Ehrenbürger Heinrich Blanc (l.) und Karl Fischer (r.).

Aus den Festansprachen
zum Fünfzigsten

„An diesem wunderschönen Morgen des 15. Juli 2006 darf ich (Alfred Woll) Sie alle herzlich im Namen der Schwimmbadfest-Organisationsgruppe hier begrüßen. Dieses Schwimmbad, eingebettet in einen herrlichen Park, feiert sein fünfzigjähriges Jubiläum. Bevor unser Bürgermeister Thomas Nowitzki die Festrede hält, darf ich Ihnen „Guten Appetit" zum Frühstück wünschen und mich bei allen Helfern bedanken.

Vor einem Jahr, es war der Geburtstag unserer Tochter Franziska, wir saßen fröhlich auf der Terrasse, als meine Schwägerin Karin Zimmermann die Idee mitbrachte, dass im Jahr 2006 das Schwimmbad einen runden Geburtstag habe und man dieses Fest gebührend feiern müsse. Und so brüteten die drei Koppenstein-Schwestern Karin, Beate und Elfi den Plan zu einem Bürgerfest im Freibad aus. Als ich dieses Ansinnen unserem Bürgermeister Thomas Nowitzki vortrug, war er sofort von der Idee dieses bürgerschaftlichen Engagements begeistert. Nach einigen erfolgreichen Telefonaten traf sich im Herbst

2005 die Keimzelle der Organisation im Bürgermeisteramt. Gerlinde und Harald Pflüger, Jutta und Harald Dickemann, Carmen Bihn, Karin Zimmermann und ich steckten den Rahmen zusammen mit dem Bürgermeister und seiner extrem fleißigen Bürochefin Martina Vietz (Schütz) ab. (...)

Nach einem öffentlichen Aufruf trafen sich im Februar viele Freunde dieses Schwimmbades, um sich als Helfer zu diesem Fest einbauen zu lassen. Für mich war dies ein besonders erhebender Augenblick, als sich an jenem Abend so viele Menschen für dieses gleiche Ziel einsetzten. Gerade in einer Zeit, in der immer wieder die Gleichgültigkeit der Zeitgenossen für öffentliche Belange angeprangert wird, wurde hier von der Oberderdinger Bevölkerung das Gegenteil bewiesen. Unterstützung erhielten wir auch von einigen Vereinen, z.B. dem Sportverein Oberderdingen, von dem wir die Bühne hier bekamen, oder dem Schwäbischen Albverein, der sein Zelt nicht nur mitbrachte, sondern auch noch mit einer ganzen Helferschar aufbaute.

Alle Gruppen, die heute auftreten, die Seniores, der Tauchlehrer, die AOK, die Sparkasse Oberderdingen/Mühlacker, Bademeister Heinz Wolf, der das Volleyballturnier organisierte, die Jugend des Musikvereins, das Modelteam um Karin Zimmermann mit dem Moderator Thomas Brockmann und am

Abend Nico und Bernhard tun dies unentgeltlich für unser Schwimmbad. Die Botschaft kann nur lauten: Dieses Schwimmbad soll und wird erhalten bleiben."

Weitere Namen und Taten hob sodann Bürgermeister Thomas Nowitzki in seiner Festrede hervor:

„Man war sparsam damals und hat zum Einweihungssonntag laut Beschluss des Gemeinderates 50 Pfennig für einen Erwachsenen Eintritt verlangt. Schulkinder waren frei. (...)

Was für ein Gefühl mag es für den Bürgermeister wohl gewesen sein vor 50 Jahren bei der Einweihung? Karl Pfister war mächtig stolz. Und das zu Recht. Ein großer, ein lang gehegter Wunsch der – damals noch Derdinger Bürgerschaft – ging in Erfüllung.

Im Heimatbuch ist von 40 Jahren als Wunsch und 30 Jahren Planungszeit die Rede! Und davon, dass das Derdinger Freibad eines der größten, schönsten und modernsten unseres Landes sei!

Welches Gefühl mögen die Herren des Gemeinderates eben an diesem 15. Juli 1956 gehabt haben? Wohl dasselbe wie Bürgermeister Karl Pfister!

Der Gemeinderat hatte 1951 einen Freibadausschuss bestellt. Diesem gehörten fünf Gemeinderäte sowie weitere sechs Personen aus der Bürgerschaft, darunter Dr. Friedrich Schmitt und Rektor Wilhelm Frisch, sowie ein Vertreter der Landjugend an.

SOMMER

STÄDT. SCHWIMMBAD DERDINGEN

Herrlich gelegenes Freibad in Oberderdingen

1954 war im Aufgabenkonzept der Gemeinde für die nächsten Jahre vom Gemeinderat ein Freibadstandort im Bruch hinter dem Sportplatz favorisiert worden. Dort, wo heute die Tennisplätze sind. Den historischen Baubeschluss, die Planvergabe und die Finanzierung fasste der Gemeinderat am 13.9.1955. Danach wurde sofort mit den Arbeiten begonnen.

Zur Finanzierung konnte die Gemeinde auch auf einen Bausparvertrag mit 100.000 DM Bausparsumme zurückgreifen. Abgerechnet wurde der Neubau des Derdinger Freibades 1956/57 mit insgesamt 522.950,24 DM!

Die personelle Besetzung – heute würden wir sagen, das Freibadteam – wurde vom Gemeinderat nur wenige Wochen vor der Einweihung festgelegt: Zum ersten Bademeister wurde Willi Mörs berufen; für die Kasse und die Garderobe Martha Klenk, Herta Heim, Irma Kolb und Else Bonzheim. (...)

In den letzten Jahren waren es statistisch pro Badesaison rund 75.000 Gäste, also in 50 Jahren mindestens vier Millionen! Das ist die eine Seite. Die sehr positive. Die andere Seite sind die Betriebsergebnisse. In den letzten Jahren haben wir jährlich rund 120.000 Euro als Defizit auszugleichen; die Kostendeckung liegt gerade mal bei 20 bis 25 %. Wir leisten uns jedes Jahr diesen Fehlbetrag, weil wir unser Freibad erhalten wollen!"

Ausgang

Knaben

Tür

Herren Kicker

Damen Mädchen

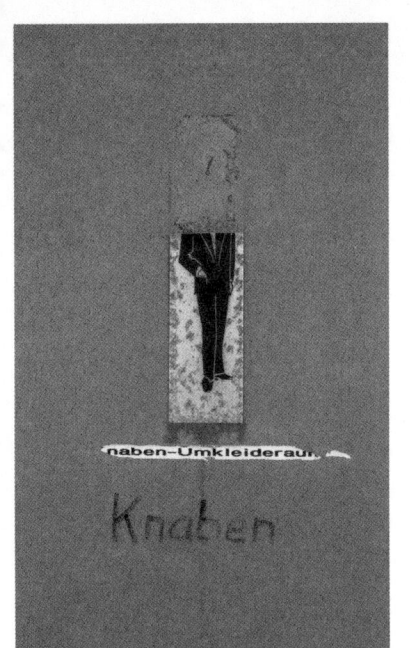

-naben–Umkleideraum **Knaben**	Mädchen–Umkleideraum **Mädchen**
Damen Nur für Erwachsene	Herren Nur für Erwachsene

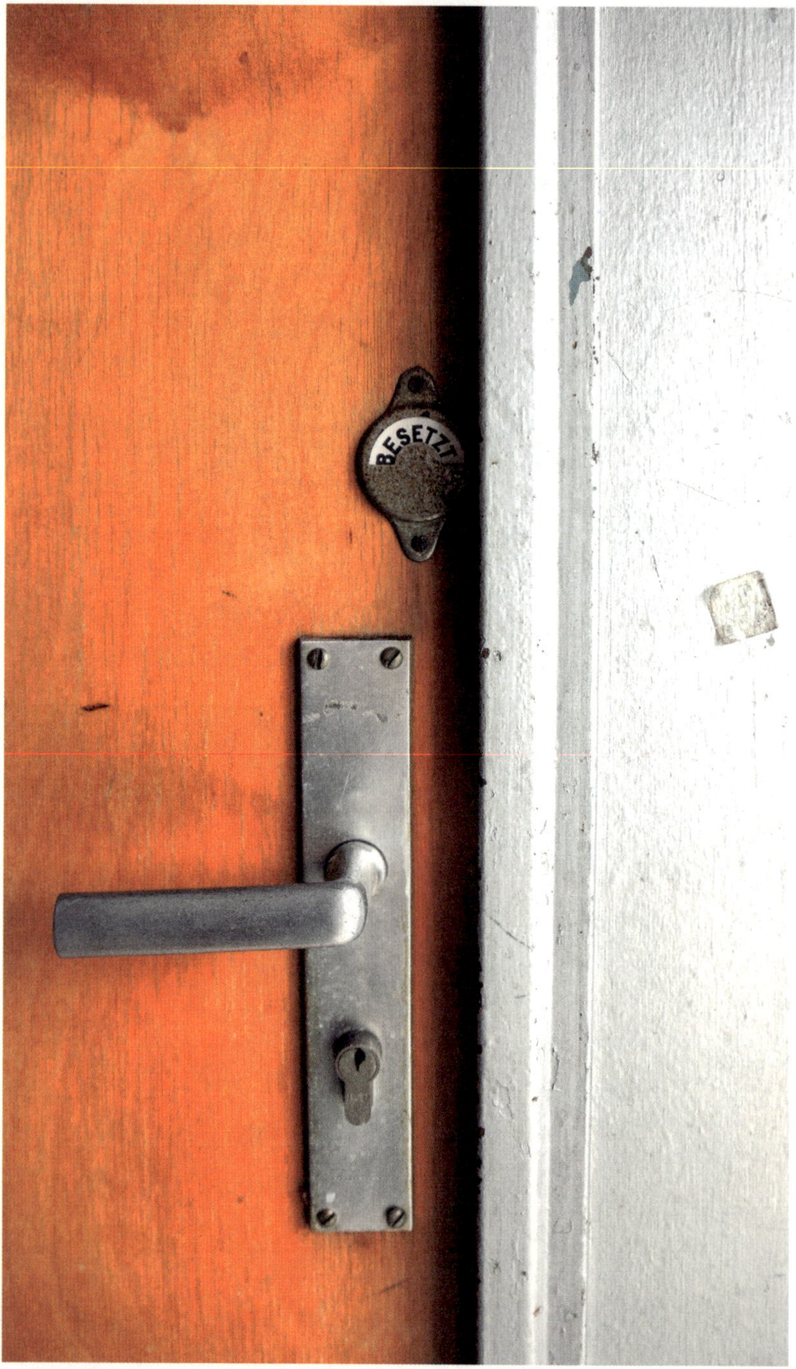
BESETZT

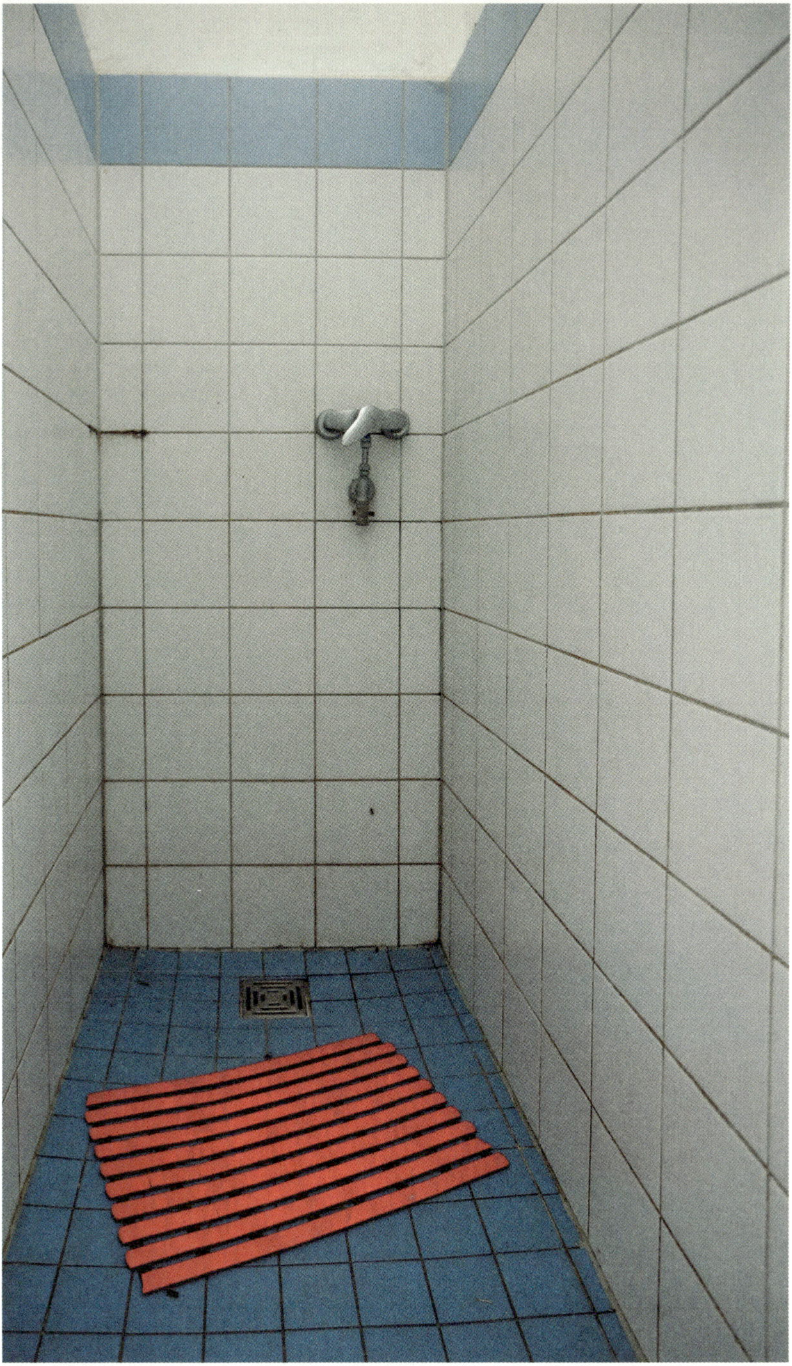

BAD WACHT

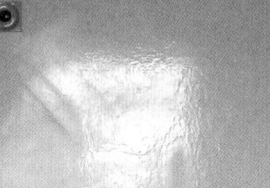

Aus den Akten:
Der korrekte Bademeister,
abgestaubt von Johannes Hucke

Eine Geschichte, wie sie in Johann Peter Hebels „Schatzkästlein des Rheinischen Hausfreundes" gut passen würde, und tatsächlich stammen Wertevorstellung und bis zur Selbstaufgabe sich auswachsende Loyalität durch und durch aus einer sehr vergangenen Zeit.

Das Jahr 1957 bringt die Wahl des Bademeisters für das Oberderdinger Schwimmbad. Vier Bewerbungen liegen vor; in geheimer Wahl wird abgestimmt und dem mit sieben Stimmen erstplatzierten Gerhard R. die Stelle bei der Gemeinde ab dem 1. April angetragen, Entlohnung: 400 DM. Mit Verblüffung lesen wir im Protokoll folgenden Vermerk: „Kann schwimmen."

Zum Stellenprofil gehört übrigens auch, während des Kelterbetriebs im Oberdorf das Amt des Keltermeisters auszuüben. Merke: Seinerzeit begann die Traubenlese noch wesentlich später als heute ...

Gerhard R. nimmt es überaus genau. Statt freudig seinen Dienst anzutreten, vergewissert er sich nochmals eigeninitiativ, ob er denn auch wirklich und wahrhaftig der Richtige für dieses verantwortungsvolle Amt sei. Sein wohlformuliertes Schreiben vom 18. Februar teilen wir ungekürzt mit:

„Sehr geehrter Herr Bürgermeister!

Der Grund meiner Bewerbung liegt eben darin, daß mir der Arzt vor längerer Zeit geraten hat, es wäre besser, wenn ich in der frischen Luft arbeiten könnte. Heute nun war ich wieder beim Spezialarzt in Behandlung. So habe ich ihm gesagt, dass ich jetzt Badmeister werde. Darauf hat er mich gleich nach meinen Schwimmleistungen gefragt und mir erklärt, daß ich auf Grund meines chronischen Luftröhren-Katarrhs in diesem Sport keine ausreichenden guten Leistungen erhoffen könne. Er sagte, ich könnte die Luft nicht lange genug anhalten, was beim Tauchen sehr wichtig ist. Vielleicht können Sie sich selbst mit dem Arzt unterhalten (anrufen)? Adresse: Dr. Weißenberger, Bretten.

Daraufhin habe ich natürlich die größten Bedenken, ob ich für den Posten geeignet bin. Es wäre eben vorher doch eine sportärztliche Untersuchung nötig gewesen. Nach meiner Ansicht wäre es deshalb gut, wenn sich der Gemeinderat nochmals mit dieser Angelegenheit befassen könnte." Er schließt zuversichtlich: *„Ich glaube, dass Sie mir diese Sache nicht übel nehmen. Es* *ist ja Ihr größtes Interesse, einen Mann einzustellen, der in jeder Hinsicht geeignet ist."*

Ein wenig indigniert stellt der Gemeinderat fest, der Bewerber habe doch eigentlich schon vor seiner Bewerbung Kenntnis über seine Nichteignung haben müssen. Es folgt ein Zwiegespräch zwischen Bürgermeister und Zweitplatziertem. Dieser, Horst Engel, verhält sich weniger kompliziert und sagt sofort zu. Diesmal öffentlich, wird der Bademeister des Freibads zu Oberderdingen einstimmig gewählt.

Es bleibt die Erkenntnis, dass es beim Tauchen immer von Vorteil ist, die Luft anzuhalten.

Badem
von 195

Kinderfest 1953

unser Schwimmbad

H.Engel

U.Rothf

...inkler

W.Mörs

2013

B. Bauer

G. Halsch

P. Brandmayer

H. Wolff

D. Servay

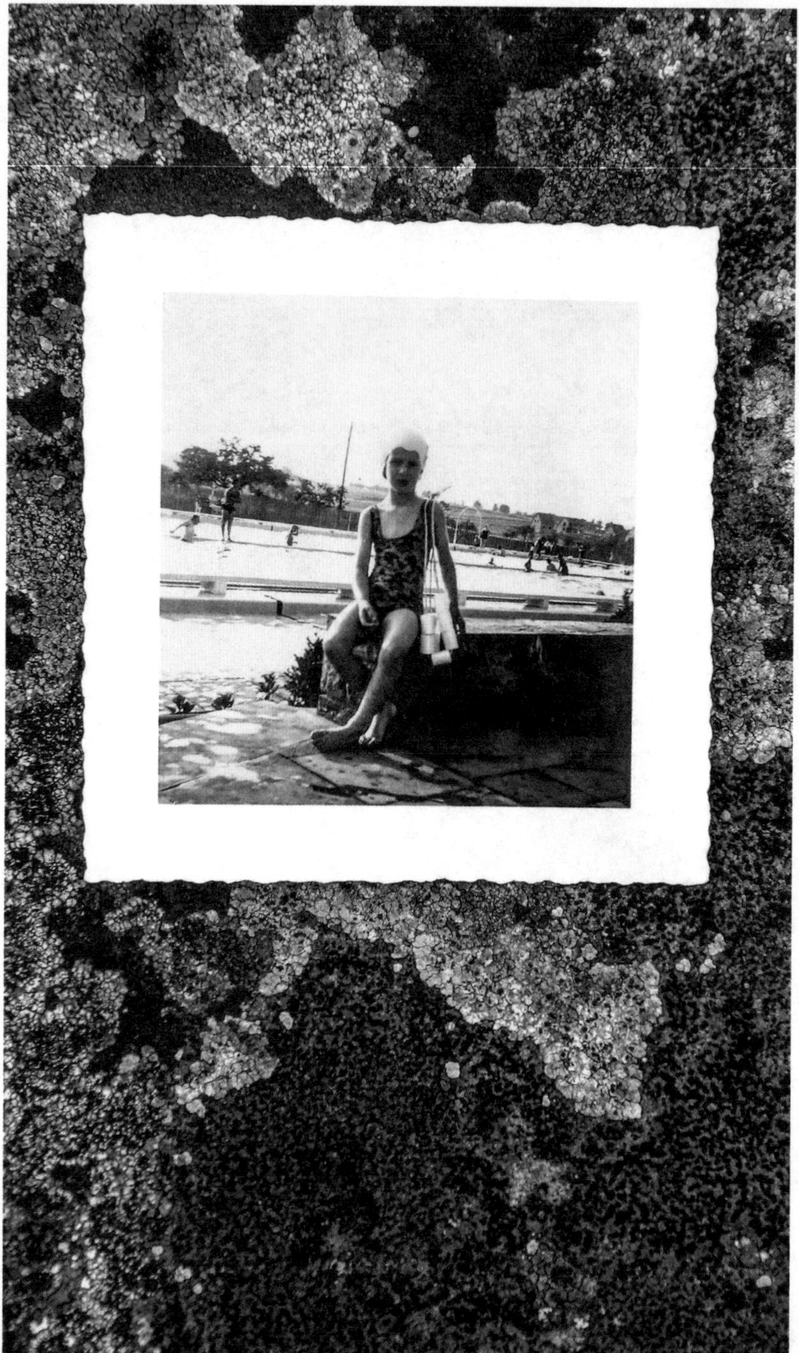

Zeittafel

27.2.1951	Gründung Freibad-Ausschuss
13.9.1955	Gemeinderatsbeschluss zu Standort, Planvorgaben und Finanzierung
5.6.1956	Gemeinderat bestellt den ersten Bademeister Willi Mörs (bis 1957)
15.7.1956	Eröffnung Freibad Oberderdingen
1957 - 1958	Bademeister Horst Engel
1959 - 1970	Bademeister Konrad Winkler
1971 - 1972	Bademeister Gustav Haisch
1972 - 1991	Bademeister Karl Brox
1990 - 1991	Bademeister Peter Brandmayer
1990 - 1992	Bademeister Uwe Rothfritz
1992 - 2020	Bademeister Heinz Wolff
1993 - 2000	Bademeister Bernd Bauer
2001 - 2020	Bademeister Klaus-Dieter Servay
15.7.2006	50-jähriges Jubiläum
23.4.2019	„Baggerbiss": Abriss und Beginn der Arbeiten für den Neubau
23.6.2020	Das neue Bad heißt „FilpleBad".

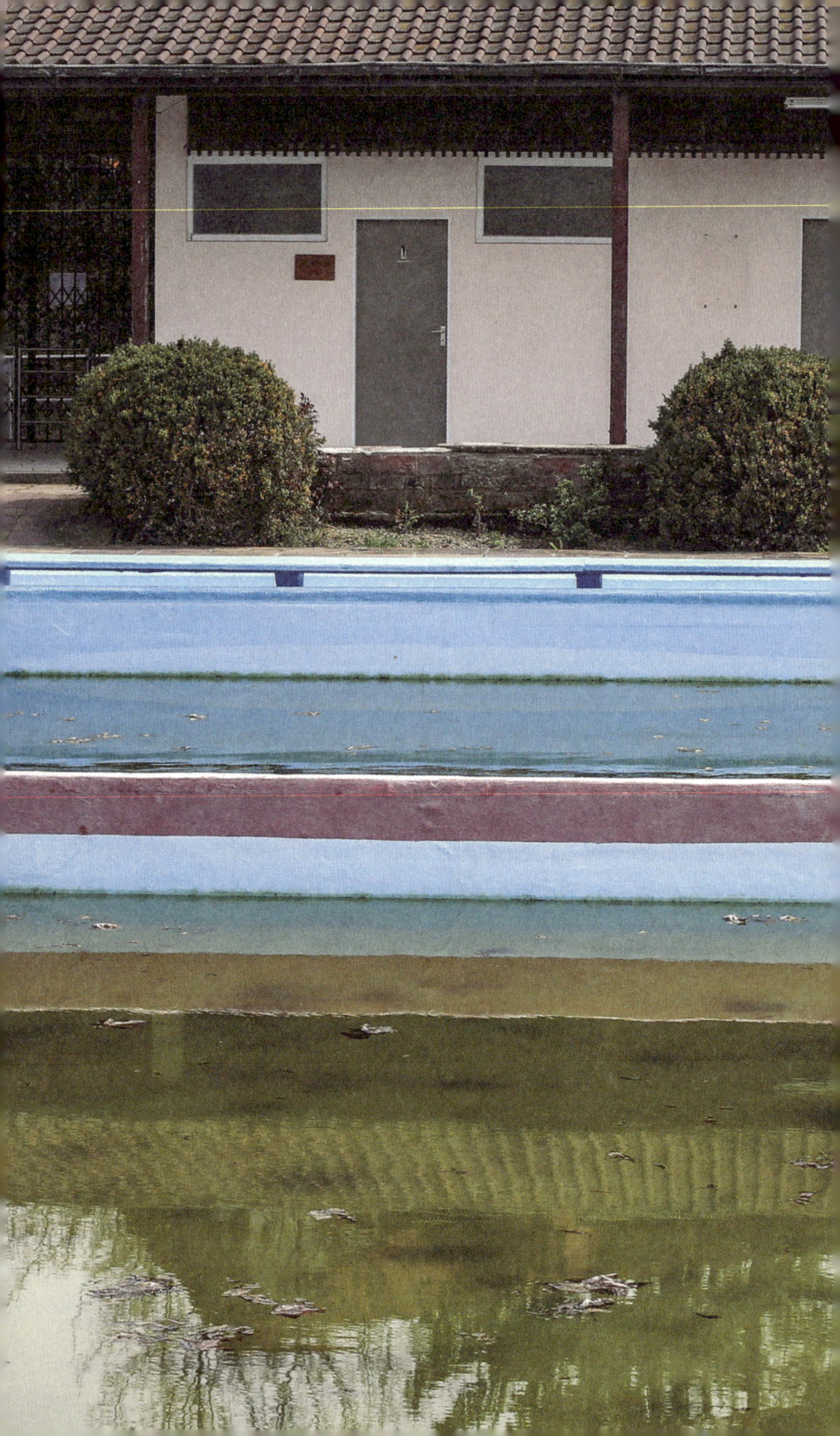

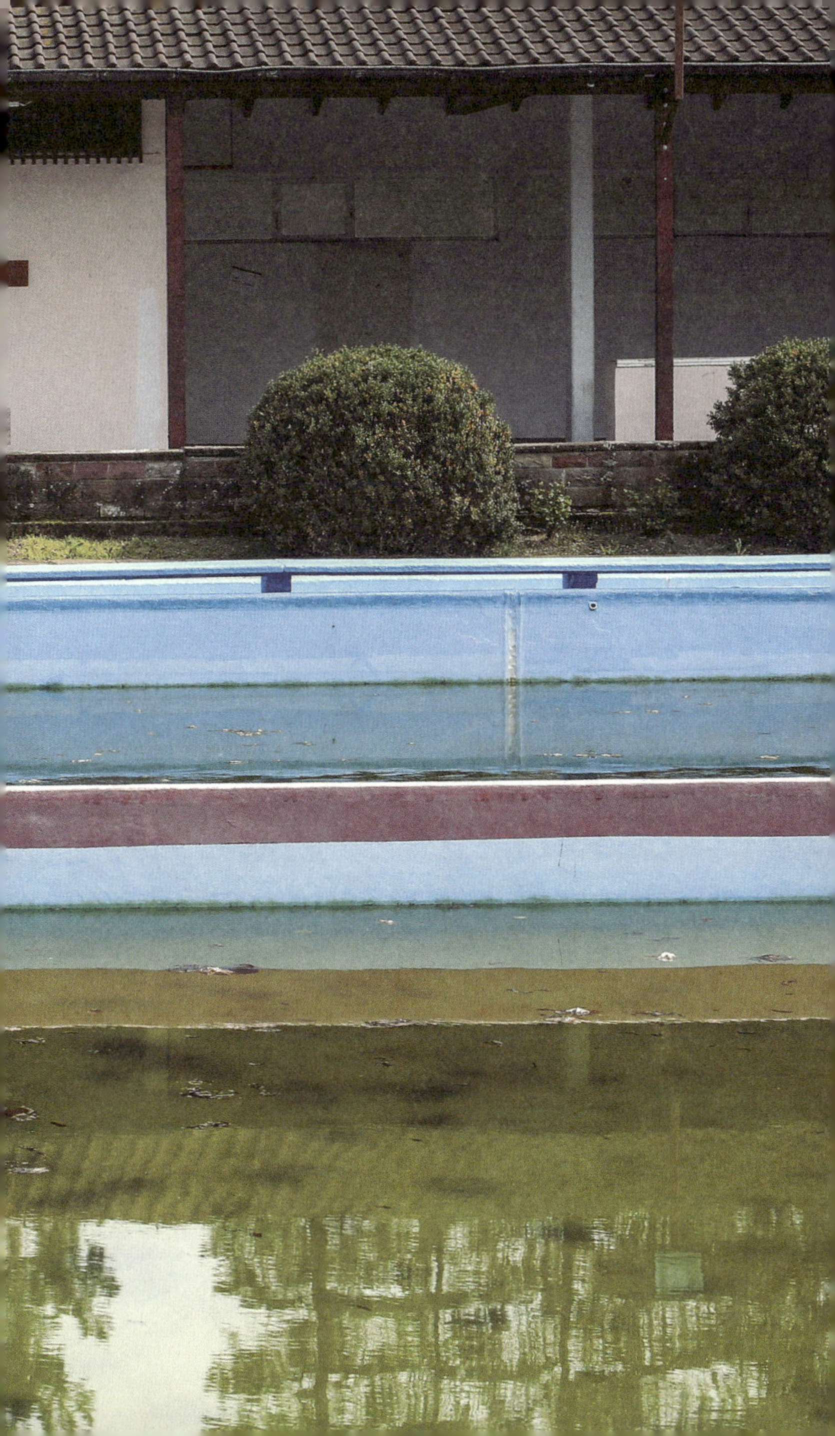

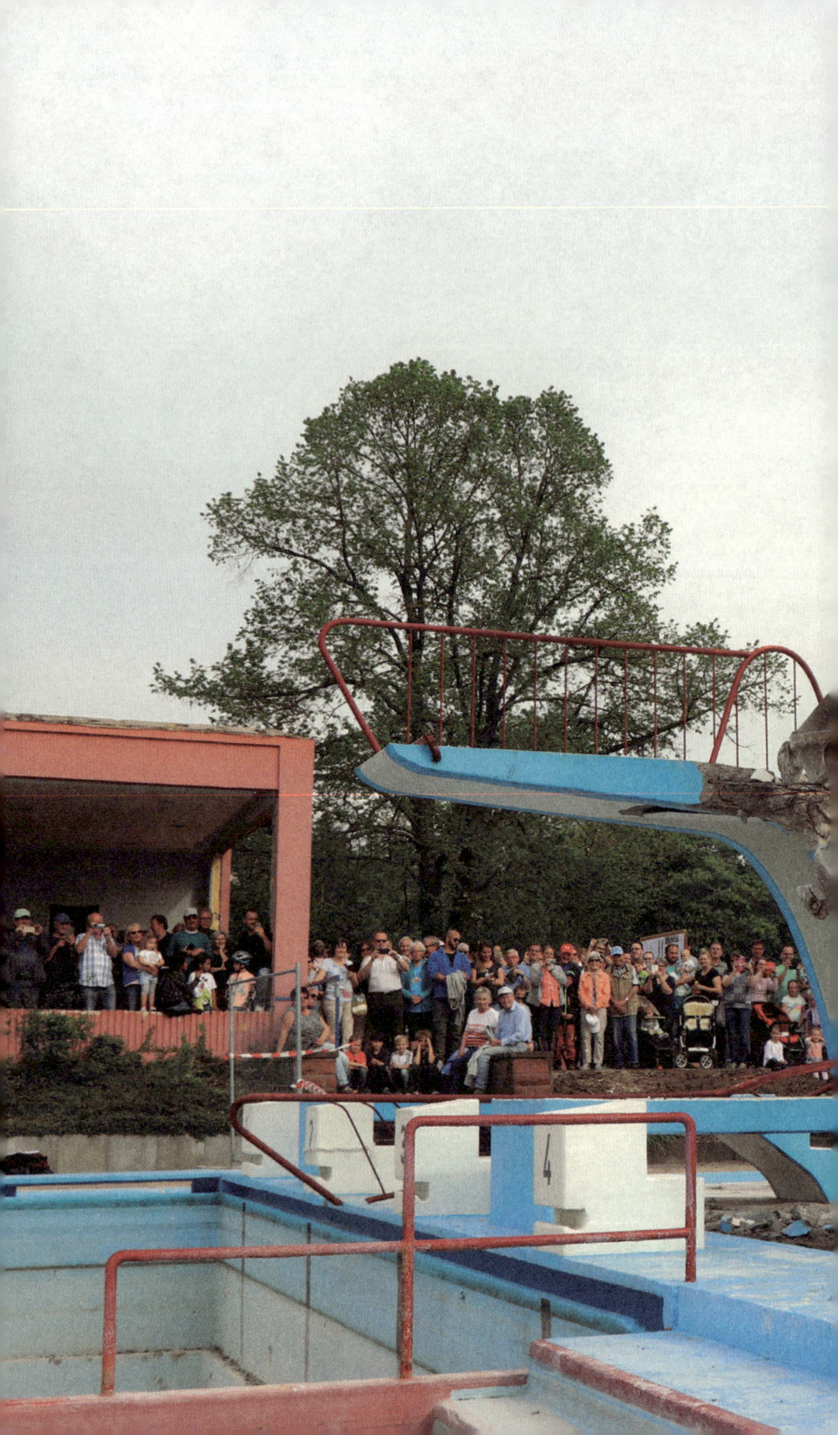

Oberderdingen
... alles zum Leben!

Lindemanns Bibliothek, Band 358
herausgegeben von Thomas Lindemann
für die Gemeinde Oberderdingen

Alle Fotos Thomas Rebel, außer: S. 1 Info Verlag;
S. 2, Familie Krempel; S. 136 Familie Aldinger;
S. 3, 118, 119, 120, 124, 134, 135,
140, 141 Archiv Oberderdingen;
S. 142, 143 ApeDemieMovie

© 2020 · Info Verlag GmbH
Alle Rechte vorbehalten.
Nachdruck ohne Genehmigung
des Verlages nicht gestattet.
ISBN 978-3-96308-082-1

www.infoverlag.de